教員

採用試験対策

参考書

一般教養 I

[人文科学]

幅広い分野から頻出事項をピックアップ！
一般教養科目の対策はこれで OK!
教員採用試験必携の参考書

東京アカデミー七賢出版

東京アカデミー 編

は　じ　め　に

教員採用試験は，自治体ごとに実施され，その出題傾向は多種多様です。そのため，受験生にとっては対策を立てる上で大変困難を極めます。また，近年の試験では，人物試験を重視する傾向にあり，その対策にも多くの時間が必要となります。これらの状況を考えると，筆記試験においては，限られた時間の中でより的確かつ効率よく学習を進めていくことが求められます。

このオープンセサミシリーズは，全国に拠点をもつ東京アカデミーのネットワークを最大限に活かして過去の教員採用試験を徹底的に分析し，より効率よく，かつ合理的に，合格に必要な知識を身に付けることができるよう編集されたものです。

多くの受験生が見事合格を勝ちとり，晴れて教師としてご活躍されますよう，ご健闘を心からお祈り申し上げます。

本書が，受験生の皆さまの合格の一助となりましたら幸いです。

東京アカデミー編集部スタッフ一同

この本の構成や内容は，オープンセサミシリーズの問題集，セサミノート（サブノート）に準拠しています。参考書，セサミノートで知識の定着をはかり，問題集で実践力をつけることでより効果的な学習ができます。併用して利用されることをおすすめします。

一般教養Ⅰ ［人文科学］

Contents

1 国語

1 漢字……2
2 ことば……48
3 読解・鑑賞……78
4 文学史……97

2 倫理

1 西洋の倫理……114
2 東洋の倫理……120

3 英語

1 語彙……126
2 文法Ⅰ……133
3 文法Ⅱ……137
4 ことわざ……142
5 会話……145
6 英文読解……150

4 音楽

1 音楽一般……158
2 民族音楽……165
3 西洋音楽史……170
4 日本音楽史……179

5　保健体育

1　保健……186
2　スポーツ……199

6　美術

1　日本美術史……210
2　西洋美術史……220
3　美術理論……233

確認問題　解答解説

240

1
国語

Open Sesame

1 漢字

●ポイント

常用漢字の読み・書きは必ず出題されるので，万全を期しておく必要がある。同音異字・同訓異字・同音異義語は，意味の違いを明確にしたうえで，例文と共に整理しておくとよい。四字熟語は特に読み・書きのまぎらわしいものが多く，注意が必要である。漢字一字一字の意味と熟語の意味とは結び付けにくいものが多いので，その熟語の本来の意味をしっかり把握しておかなければならない。漢字の問題は，知識の差がそのまま点数の差となって表れるので，地道な努力こそが大切である。国語辞典や漢和辞典を常に手元に置いてこまめに利用する習慣をつけ，少しずつ知識を増やすことを心掛けよう。

1 漢字の読み

(1) 難読語

愛嬌	あいきょう	曖昧	あいまい	悪辣	あくらつ
斡旋	あっせん	軋轢	あつれき	安堵	あんど
一瞥	いちべつ	陰鬱	いんうつ	慇懃	いんぎん
隠匿	いんとく	因縁	いんねん	隠蔽	いんぺい
迂回	うかい	蘊蓄	うんちく	永劫	えいごう
謁見	えっけん	会得	えとく	婉曲	えんきょく
厭世	えんせい	謳歌	おうか	懊悩	おうのう
嗚咽	おえつ	和尚	おしょう	億劫	おっくう
怨念	おんねん	乖離	かいり	界隈	かいわい
苛酷	かこく	呵責	かしゃく	恰好	かっこう
喝采	かっさい	葛藤	かっとう	門出	かどで
寡聞	かぶん	可憐	かれん	癇癪	かんしゃく
肝腎(心)	かんじん	完遂	かんすい	甲板	かんぱん
危惧	きぐ	毀損	きそん	吃音	きつおん
華奢	きゃしゃ	糾弾	きゅうだん	驚愕	きょうがく
恐喝	きょうかつ	強靱	きょうじん	矯正	きょうせい
形相	ぎょうそう	寓話	ぐうわ	久遠	くおん
功徳	くどく	供養	くよう	愚弄	ぐろう

敬虔	けいけん
逆鱗	げきりん
懸念	けねん
倦怠	けんたい
劫火	ごうか
虚空	こくう
忽然	こつぜん
渾身	こんしん
困憊	こんぱい
采配	さいはい
索莫	さくばく
颯爽	さっそう
暫時	ざんじ
嗜好	しこう
叱責	しっせき
執拗	しつよう
洒脱	しゃだつ
充塡	じゅうてん
遵守	じゅんしゅ
成就	じょうじゅ
饒舌	じょうぜつ
常套	じょうとう
嘱託	しょくたく
熾烈	しれつ
辛辣	しんらつ
出納	すいとう
逝去	せいきょ
精緻	せいち
雪辱	せつじょく
尖鋭	せんえい
羨望	せんぼう
巣窟	そうくつ
雑兵	ぞうひょう
塑像	そぞう
境内	けいだい
戯作	げさく
牽制	けんせい
言質	げんち
勾配	こうばい
炬燵	こたつ
勤行	ごんぎょう
痕跡	こんせき
建立	こんりゅう
防人	さきもり
炸裂	さくれつ
殺戮	さつりく
斬新	ざんしん
示唆	しさ
叱咤	しった
諮問	しもん
借款	しゃっかん
入水	じゅすい
潤沢	じゅんたく
精進	しょうじん
焦燥	しょうそう
従容	しょうよう
所作	しょさ
真摯	しんし
遂行	すいこう
素性（姓）	すじょう
凄惨	せいさん
折檻	せっかん
窃盗	せっとう
詮索	せんさく
戦慄	せんりつ
造詣	ぞうけい
贈賄	ぞうわい
措置	そち
希（稀）有	けう
解脱	げだつ
喧噪	けんそう
絢爛	けんらん
極意	ごくい
東風	こち
権化	ごんげ
混沌	こんとん
猜疑	さいぎ
錯綜	さくそう
些細	ささい
懺悔	ざんげ
弛緩	しかん
仔細	しさい
疾病	しっぺい
赤銅	しゃくどう
蒐集	しゅうしゅう
腫瘍	しゅよう
駿馬	しゅんめ
憔悴	しょうすい
装束	しょうぞく
贖罪	しょくざい
所詮	しょせん
進捗	しんちょく
推敲	すいこう
精悍	せいかん
脆弱	ぜいじゃく
折衝	せっしょう
刹那	せつな
餞別	せんべつ
雑巾	ぞうきん
荘重	そうちょう
粗忽	そこつ
疎通	そつう

忖度	そんたく
内裏	だいり
団欒	だんらん
抽出	ちゅうしゅつ
寵愛	ちょうあい
重複	ちょうふく（じゅうふく）
沈殿（澱）	ちんでん
諦観	ていかん
転嫁	てんか
伝播	でんぱ
慟哭	どうこく
棟梁	とうりょう
怒濤	どとう
頓着	とんちゃく（とんじゃく）
捺印	なついん
如実	にょじつ
徘徊	はいかい
伯仲	はくちゅう
潑剌（溂）	はつらつ
繁盛	はんじょう
斑点	はんてん
氾濫	はんらん
庇護	ひご
誹謗	ひぼう
豹変	ひょうへん
敏捷	びんしょう
吹聴	ふいちょう
払拭	ふっしょく
俘虜	ふりょ
閉塞	へいそく
萌芽	ほうが
芳醇	ほうじゅん
膨大	ぼうだい
泡沫	ほうまつ（うたかた）

対峙	たいじ
耽溺	たんでき
逐次	ちくじ
躊躇	ちゅうちょ
弔慰	ちょうい
凋落	ちょうらく
陳腐	ちんぷ
体裁	ていさい
添削	てんさく
添付	てんぷ
謄本	とうほん
匿名	とくめい
賭博	とばく
貪欲	どんよく
納戸	なんど
捻出	ねんしゅつ
媒酌	ばいしゃく
破綻	はたん
挽歌	ばんか
反芻	はんすう
反駁	はんばく
伴侶	はんりょ
非業	ひごう
罷免	ひめん
肥沃	ひよく
便乗	びんじょう
無精	ぶしょう
不憫	ふびん
紛糾	ふんきゅう
編纂	へんさん
蜂起	ほうき
幇助	ほうじょ
冒瀆	ぼうとく
発願	ほつがん

堆積	たいせき
堪能	たんのう
緻密	ちみつ
厨房	ちゅうぼう
貼付	ちょうふ
珍重	ちんちょう
追悼	ついとう
溺死	できし
顚（転）倒	てんとう
顚末	てんまつ
獰猛	どうもう
咄嗟	とっさ
吐露	とろ
馴染	なじみ
柔和	にゅうわ
暢（暖・呑）気	のんき
剝奪	はくだつ
抜擢	ばってき
晩餐	ばんさん
範疇	はんちゅう
煩悶	はんもん
凡例	はんれい
氷雨	ひさめ
剽軽	ひょうきん
頻出	ひんしゅつ
頻繁	ひんぱん
風情	ふぜい
侮蔑	ぶべつ
憤怒	ふんぬ
片鱗	へんりん
彷徨	ほうこう
呆然	ぼうぜん
朋輩	ほうばい
発足	ほっそく

発端	ほったん	補塡	ほてん	翻弄	ほんろう
末裔	まつえい	末期	まつご(まっき)	蔓延	まんえん
冥利	みょうり	無垢	むく	謀反(叛)	むほん
瞑想	めいそう	冥福	めいふく	妄執	もうしゅう
朦朧	もうろう	望月	もちづき	揶揄	やゆ
由緒	ゆいしょ	所以	ゆえん	夭逝	ようせい
礼讃(賛)	らいさん	烙印	らくいん	拉致	らち
罹災	りさい	略奪	りゃくだつ	輪廻	りんね
流罪	るざい	流布	るふ	黎明	れいめい
憐憫(愍)	れんびん	漏洩	ろうえい	狼藉	ろうぜき
呂律	ろれつ	歪曲	わいきょく	矮小	わいしょう
賄賂	わいろ				

※意味と一緒に覚えよう

沖の**漁火**(　　)がゆれる	夜，魚を誘うためにたく火	いさりび
鋳物(　　)工場に勤める	金属を型で固めた物	いもの
似非(　　)学者のようだ	まやかしの・にせもの	えせ
演繹(　　)法を使う	一般から特殊を導く	えんえき
若さが**横溢**(　　)する	あふれるほど盛ん	おういつ
正月準備に**大童**(　　)だ	奮闘する・大変忙しいさま	おおわらわ
諧謔(　　)を弄する	気のきいた冗談	かいぎゃく
開眼(　　)供養をする	入眼・仏道の真理を悟る	かいげん
邂逅(　　)の喜び	めぐり会い・思いがけず会うこと	かいこう
人口に**膾炙**(　　)する	広く知られる・世間の評判になる	かいしゃ
凱旋(　　)将軍となった	戦いに勝って帰る	がいせん
傀儡(　　)政権を批判する	操り人形	かいらい
脚気(　　)になる	足がしびれたり，むくんだりする病気	かっけ
画餅(　　)に帰する	計画倒れ・役に立たない物事	がべい(がへい)
全生徒の**亀鑑**(　　)となる	手本・模範	きかん
忌憚(　　)のない意見	遠慮・いみはばかること	きたん
生粋(　　)の江戸っ子	純粋・まじり気のないこと	きっすい
詭弁(　　)を弄する	こじつけ・道理に合わない議論	きべん
狭隘(　　)な心	狭いこと	きょうあい
下戸(　　)なので断る	酒が飲めない人	げこ

尼僧が**還俗**（　　　）する	僧から俗人にかえること	げんぞく
狡猾（　　　）な手段を用いる	わるがしこい・ずるいさま	こうかつ
膠着（　　　）状態が続く	粘りつく・少しも変化しない	こうちゃく
規則に**拘泥**（　　　）する	こだわる・気持ちがとらわれる	こうでい
監督の**更迭**（　　　）	地位・役目がかわること	こうてつ
沽券（　　　）にかかわる	値うち・体面・品位	こけん
士気を**鼓吹**（　　　）する	励ます・宣伝し，吹きこむこと	こすい
姑息（　　　）な手段をとる	その場しのぎ	こそく
誤謬（　　　）を犯してしまう	あやまり・まちがい	ごびゅう
蹉跌（　　　）の第一歩	失敗してつまずく・ゆきづまる	さてつ
思惟（　　　）にふける	心で深く考えること・思索	しい
恣意（　　　）が入る	気まま・思いつき任せ	しい
市井（　　　）の人	庶民の社会・まちなか	しせい
桎梏（　　　）をのがれる	手かせ足かせ・束縛	しっこく
奢侈（　　　）な生活になる	度を過ぎたぜいたく	しゃし
人権**蹂躙**（　　　）で訴える	他人の権利を侵害すること	じゅうりん
事情を**斟酌**（　　　）する	相手の事情や心情を推しはかる	しんしゃく
杜撰（　　　）な工事	いいかげん・誤りが多いこと	ずさん
星霜（　　　）を経る	年月	せいそう
和洋**折衷(中)**（　　　）料理	ほどよく調和させること	せっちゅう
僭越（　　　）な態度	出過ぎたこと	せんえつ
漸次（　　　）回復していく	次第に・だんだん	ぜんじ
貸し借りを**相殺**（　　　）する	帳消しにする	そうさい
山車（　　　）が練り歩く	祭礼に引き出す飾り車	だし
伊達（　　　）の薄着	外見を飾ること・見栄をはること	だて
大家と**店子**（　　　）の関係	借家人	たなこ
領海を侵し**拿捕**（　　　）される	外国船を捕えること	だほ
手向（　　　）の花を買う	神仏にささげること	たむけ
会社の内情を**知悉**（　　　）する	知り尽くすこと・精通	ちしつ
列車事故という**椿事**（　　　）	思いがけない出来事	ちんじ
会社の**定款**（　　　）	基本的な規則（をしるした文書）	ていかん
前例を**踏襲**（　　　）する	方針を受け継ぐ	とうしゅう
人格を**陶冶**（　　　）する	きたえて育てること	とうや
等閑（　　　）な返事をする	いいかげん	なおざり

証拠を**捏造**（　　　）する	でっちあげること	ねつぞう
今シーズンの**白眉**（　　　）	最もすぐれているもの	はくび
師の教えを**反芻**（　　　）する	繰り返して考え，味わうこと	はんすう
無料で**頒布**（　　　）する	広く分け配ること	はんぷ
批准（　　　）を行う	条約の最終的な確認	ひじゅん
民主主義を**標榜**（　　　）する	公然と掲げること	ひょうぼう
福音（　　　）書を手にする	キリストの説いた救いの教え	ふくいん
不遜（　　　）な行為	思いあがって偉そうにすること	ふそん
人の多さに**辟易**（　　　）する	勢いに押されてしりごみする・閉口	へきえき
面影が**髣髴（彷彿）**（　）とする	よく似ているさま	ほうふつ
煩悩（　　　）のとりこになる	心身を乱す欲望や怒り，ねたみ	ぼんのう
凡庸（　　　）な作品	すぐれた点がないさま・平凡	ぼんよう
枚挙（　　　）にいとまがない	一つひとつかぞえあげること	まいきょ
邁進（　　　）し，努力する	ひるまず，ひたすら突き進むこと	まいしん
融通**無碍（礙）**（　　）な生き方	邪魔・障害がないこと	むげ
全国を**遊説**（　　　）して回る	意見を説いて各地を回ること	ゆうぜい
夭折（　　　）が惜しまれる	若死に・早死に	ようせつ
他社を**凌（陵）駕**（　　　）する	他をしのぐこと	りょうが

(2)　熟字訓・あて字

生憎	あいにく	灰汁	あく	欠伸	あくび
胡坐(座)	あぐら	小豆	あずき	渾名	あだな
天晴	あっぱれ	海女	あま	行脚	あんぎゃ
許嫁	いいなずけ	硫黄	いおう	意気地	いくじ
十六夜	いざよい	悪戯	いたずら	田舎	いなか
稲荷	いなり	息吹	いぶき	刺青	いれずみ
転寝	うたたね	団扇	うちわ	海原	うなばら
自惚	うぬぼれ	乳母	うば	産湯	うぶゆ
閏年	うるうどし	浮気	うわき	笑顔	えがお
干支	えと	大晦日	おおみそか	叔父(伯父)	おじ
白粉	おしろい	大人	おとな	乙女	おとめ
叔母(伯母)	おば	十八番	おはこ	お神酒	おみき
母屋(母家)	おもや	思惑	おもわく	案山子	かかし
神楽	かぐら	陽炎	かげろう	河岸	かし

風邪	かぜ	気質	かたぎ	固唾	かたず
合羽	かっぱ	仮名	かな	剃刀	かみそり
蚊帳	かや	硝子	がらす	為替	かわせ
河原（川原）	かわら	生糸	きいと	気障	きざ
煙管	きせる	曲者	くせもの	果物	くだもの
玄人	くろうと	怪我	けが	怪訝	けげん
今朝	けさ	景色	けしき	健気	けなげ
心地	ここち	独楽	こま	声色	こわいろ
幸先	さいさき	早乙女	さおとめ	雑魚	ざこ
雑魚寝	ざこね	桟敷	さじき	流石	さすが
五月晴れ	さつきばれ	早苗	さなえ	五月雨	さみだれ
白湯	さゆ	潮騒	しおさい	潮干狩	しおひがり
枝折	しおり	時雨	しぐれ	時化	しけ
竹刀	しない	老舗	しにせ	芝生	しばふ
清水	しみず	三味線	しゃみせん	砂利	じゃり
洒落	しゃれ	数珠	じゅず	上手	じょうず
白髪	しらが	素人	しろうと	師走	しわす（しはす）
数寄（奇）屋	すきや	助太刀	すけだち	双六	すごろく
相撲	すもう	台詞	せりふ	草履	ぞうり
算盤	そろばん	松明	たいまつ	黄昏	たそがれ
太刀	たち	七夕	たなばた	煙草	たばこ
足袋	たび	稚児	ちご	提灯	ちょうちん
一（朔）日	ついたち	接ぎ木	つぎき	築山	つきやま
梅雨	つゆ	氷柱	つらら	凸凹	でこぼこ
丁稚	でっち	伝馬船	てんません	投網	とあみ
読経	どきょう	常磐木	ときわぎ	時計	とけい
心太	ところてん	外様	とざま	友達	ともだち
長刀	なぎなた	仲人	なこうど	名残	なごり
雪崩	なだれ	納屋	なや	苗代	なわしろ
長閑	のどか	野良	のら	海苔	のり
祝詞	のりと	暖簾	のれん	狼煙・烽火	のろし
博士	はかせ	二十（歳）	はたち	二十日	はつか
法度	はっと	波止場	はとば	贔屓	ひいき
抽斗	ひきだし	一入	ひとしお	一人	ひとり

日和	ひより	二人	ふたり	二日	ふつか
吹雪	ふぶき	下手	へた	黒子	ほくろ
反故(古)	ほご	布袋	ほてい	雪洞	ぼんぼり
燐寸	まっち	巫女	みこ	土産	みやげ
息子	むすこ	眼鏡	めがね	猛者	もさ
紅葉	もみじ	木綿	もめん	最寄り	もより
八百長	やおちょう	八百屋	やおや	大和	やまと
結納	ゆいのう	浴衣	ゆかた	行方	ゆくえ
寄席	よせ	若人	わこうど	草鞋	わらじ

2　漢字の書き取り

(1)　重要漢字

アイシュウ(　　)が漂う	哀愁	**インソツ**(　　)の先生	引率
父が**アイセキ**(　　)した品	愛惜	**ウチョウテン**(　　)になる	有頂天
アイトウ(　　)の意を表す	哀悼	**ウンデイ**(　　)の差がある	雲泥
他を**アットウ**(　　)する	圧倒	貨物の**ウンパン**(　　)	運搬
詩を**アンショウ**(　　)する	暗誦(唱)	図書の**エツラン**(　　)	閲覧
アンピ(　　)を問う	安否	会議が**エンカツ**(　　)に進む	円滑
イク(　　)同音に発する	異口	**エンキョク**(　　)な表現	婉曲
親の**イコウ**(　　)のおかげ	威光	棒で**オウダ**(　　)される	殴打
イサイ(　　)は面談の上	委細	**オンケン**(　　)な考え方	穏健
イセイ(　　)のよいかけ声	威勢	切札を**オンゾン**(　　)する	温存
イセキ(　　)を発掘する	遺跡	**カイギ**(　　)的な性格	懐疑
イチドウ(　　)に会する	一堂	**カイキン**(　　)賞をもらう	皆勤
終始**イッカン**(　　)する	一貫	荒地を**カイコン**(　　)する	開墾
イッシ(　　)を報いる	一矢	**カイショ**(　　)で書く	楷書
危機**イッパツ**(　　)	一髪	**カイシン**(　　)の笑み	会心
イホウ(　　)人に出会う	異邦	**カイテキ**(　　)に過ごす	快適
犯人の**イリュウ**(　　)品	遺留	**ガイトウ**(　　)する者	該当
イワカン(　　)がある	違和感	責任を**カイヒ**(　　)する	回避
インシュウ(　　)を破る	因習	魚を**カイボウ**(　　)する	解剖

事故の**カイム**（　　）を目指す	皆無
話が**カキョウ**（　　）に入る	佳境
浮き草**カギョウ**（　　）	稼業
カクウ（　　）の人物	架空
自意識**カジョウ**（　　）の人	過剰
子どもが**ガシ**（　　）する	餓死
カゼ（　　）で学校を休む	風邪
カチュウ（　　）の人となる	渦中
カッキテキ（　　）な発明	画期的
拍手**カッサイ**（　　）	喝采
心の**カットウ**（　　）がある	葛藤
カトキ（　　）の現象	過渡期
カビン（　　）に挿す	花瓶
カブキ（　　）役者	歌舞伎
カヘイ（　　）を発行する	貨幣
彼は**カモク**（　　）な人だ	寡黙
カレン（　　）な花	可憐
ガンキョウ（　　）な体	頑強
カンゲイ（　　）パーティー	歓迎
カンサン（　　）とした公園	閑散
カンセイ（　　）をあげる	歓声
ガンゼン（　　）での事故	眼前
空気が**カンソウ**（　　）する	乾燥
ガンチク（　　）のある言葉	含蓄
初志**カンテツ**（　　）	貫徹
野球の**カントク**（　　）	監督
カンニン（　　）袋の緒	堪忍
カンペキ（　　）な出来上がり	完璧
カンマン（　　）な動作	緩慢
父の**カンレキ**（　　）を祝う	還暦
混雑を**カンワ**（　　）する	緩和
仏道に**キエ**（　　）する	帰依
キオウショウ（　　）がある	既往症
キオク（　　）に残る事件	記憶

キガイ（　　）を加える	危害
ここで会うとは**キグウ**（　　）だ	奇遇
キケン（　　）を感じる	危険
キゲン（　　）を損ねる	機嫌
キセイ（　　）の事実	既成
ギセイ（　　）的な精神	犠牲
キセン（　　）を制する	機先
キチ（　　）の事実である	既知
キトク（　　）に陥る	危篤
キハク（　　）に欠ける	気迫
経済**キバン**（　　）がある	基盤
検査を**キヒ**（　　）する	忌避
難民**キュウサイ**（　　）	救済
事件を**キュウダン**（　　）する	糾弾
キュウリョウ（　　）地帯	丘陵
みじめな**キョウグウ**（　　）	境遇
思わず**ギョウシ**（　　）する	凝視
幸せを**キョウジュ**（　　）する	享受
歯並びの**キョウセイ**（　　）	矯正
ギョウセキ（　　）を伸ばす	業績
キョウネン（　　）90歳	享年
キョウレツ（　　）な匂い	強烈
キョエイシン（　　）が強い	虚栄心
人生の**キロ**（　　）に立つ	岐路
ギワク（　　）が生じる	疑惑
力の**キンコウ**（　　）を保つ	均衡
家で**キンシン**（　　）する	謹慎
キンパク（　　）した試合	緊迫
クオン（　　）の別れ	久遠
害虫を**クジョ**（　　）する	駆除
グチ（　　）をこぼす	愚痴
巨大な**クチク**（　　）艦	駆逐
クナイ（　　）庁に勤める	宮内
クノウ（　　）に満ちた顔	苦悩

お金を**クメン**（　　）する	工面
昨年度の**クリコシ**（　　）金	繰越
ケイコウトウ（　　）をつける	蛍光灯
人に**ゲイゴウ**（　　）する	迎合
神の**ケイジ**（　　）を受ける	啓示
伝統の**ケイショウ**（　　）	継承
ケイソツ（　　）な行動	軽率
ケイチョウ（　　）電報	慶弔
漱石に**ケイトウ**（　　）する	傾倒
他人を**ケイベツ**（　　）する	軽蔑
北陸**ケイユ**（　　）の列車	経由
国旗の**ケイヨウ**（　　）	掲揚
堤防が**ケッカイ**（　　）した	決壊
常識の**ケツジョ**（　　）	欠如
話し合いが**ケツレツ**（　　）する	決裂
ゲネツ（　　）剤を飲む	解熱
結果を**ケネン**（　　）する	懸念
ケンオカン（　　）を抱く	嫌悪感
彼は**ケンキョ**（　　）な人だ	謙虚
ゲンシュク（　　）な式典	厳粛
ケンシン（　　）的に働く	献身
ゲンバク（　　）投下	原爆
ケンビキョウ（　　）をのぞく	顕微鏡
レンズを**ケンマ**（　　）する	研磨
食費を**ケンヤク**（　　）する	倹約
百円**コウカ**（　　）を拾う	硬貨
コウガイ（　　）に家を持つ	郊外
コウキ（　　）粛正	綱紀
コウコツ（　　）感にひたる	恍惚
ゴウジョウ（　　）を張る	強情
世界記録の**コウシン**（　　）	更新
彼は**コウズカ**（　　）だ	好事家
選手**コウタイ**（　　）をする	交替(代)
ゴウテイに（　　）住む	豪邸

平家の**コウボウ**（　　）を描く	興亡
ゴカク（　　）に争う	互角
ダムの水が**コカツ**（　　）する	枯(涸)渇
ゴクサイシキ（　　）の絵	極彩色
コッキ（　　）心を養う	克己
コツズイ（　　）バンクの登録	骨髄
コボンノウ（　　）な父	子煩悩
部の**コモン**（　　）の先生	顧問
日本**コユウ**（　　）の文化	固有
ゴラク（　　）番組を見る	娯楽
コンイ（　　）の間柄	懇意
夕食の**コンダテ**（　　）	献立
コンナン（　　）を乗り越える	困難
サイカ（　　）にみまわれる	災禍
度々の**サイソク**（　　）	催促
熱帯植物の**サイバイ**（　　）	栽培
サイバン（　　）所に行く	裁判
予算を**サクゲン**（　　）する	削減
ザセツ（　　）感を味わう	挫折
映画の**サツエイ**（　　）	撮影
サッソク（　　）返事を書く	早速
注文が**サットウ**（　　）する	殺到
ザットウ（　　）に消える	雑踏
ザユウ（　　）の銘とする	座右
神社に**サンケイ**（　　）する	参詣
ザンコク（　　）な仕打ち	残酷
ザンテイ（　　）的な処置	暫定
注意力**サンマン**（　　）だ	散漫
国王に**ジキソ**（　　）する	直訴
シゲキ（　　）を受ける	刺激
ジゴウ（　　）自得だ	自業
人生の方向を**シサ**（　　）する	示唆
シサク（　　）をめぐらせる	思索
シショウ（　　）の教え	師匠

シセイ（　　）方針演説	施政
ジセイ（　　）の句となる	辞世
ジゼン（　　）事業	慈善
旅の**シタク**（　　）をする	支(仕)度
法律を**ジッシ**（　　）する	実施
全力**シッソウ**（　　）する	疾走
信用を**シッツイ**（　　）する	失墜
問題点を**シテキ**（　　）する	指摘
シト（　　）不明金がある	使途
シナン（　　）のわざだ	至難
シフク（　　）を肥やす	私腹
母への**シボ**（　　）	思慕
シマツ（　　）に負えない	始末
審議会に**シモン**（　　）する	諮問
ジャクハイ（　　）者だ	若輩
シャダン（　　）機が上がる	遮断
仕事の**ジャマ**（　　）をする	邪魔
みかんの**シュウカク**（　　）	収穫
ごみ**シュウシュウ**（　　）車	収集
ジュウジュン（　　）な態度	従順
シュウタイ（　　）を演じる	醜態
道路の**ジュウタイ**（　　）	渋滞
画壇の**ジュウチン**（　　）	重鎮
シュギョク（　　）の名作	珠玉
ジュクレン（　　）した技師	熟練
シュシ（　　）を説明する	趣旨
平均**ジュミョウ**（　　）	寿命
雨天**ジュンエン**（　　）	順延
決定的**シュンカン**（　　）	瞬間
血液の**ジュンカン**（　　）	循環
憲法を**ジュンシュ**（　　）する	遵守
警察官の**ジュンショク**（　　）	殉職
ジュンシン（　　）な子ども	純真
ジヨウ（　　）豊富な食品	滋養

部下を**ショウアク**（　　）する	掌握
ジョウカ（　　）作用	浄化
証人の**ショウカン**（　　）	召喚
ショウギ（　　）を指す	将棋
ジョウキ（　　）を逸する	常軌
ショウコ（　　）の品	証拠
ジョウセキ（　　）どおり	定石
時期**ショウソウ**（　　）だ	尚早
ショウゾウ（　　）画を描く	肖像
酒を**ジョウゾウ**（　　）する	醸造
客を**ショウタイ**（　　）する	招待
ショウダク（　　）を得る	承諾
ジョウダン（　　）を言う	冗談
五輪の**ショウチ**（　　）活動	招致
平和の**ショウチョウ**（　　）	象徴
ショウドウ（　　）的な行為	衝動
車が**ショウトツ**（　　）する	衝突
ジョウマン（　　）な文章	冗漫
ショカツショ（　　）の刑事	所轄署
ジョコウ（　　）運転をする	徐行
父の**ショサイ**（　　）	書斎
医師の**ショホウ**（　　）箋	処方
ショム（　　）課に勤める	庶務
ショメイ（　　）を集める	署名
人権の**シンガイ**（　　）	侵害
シンキ（　　）一転やり直す	心機
シンギ（　　）を確かめる	真偽
シンケン（　　）に話す	真剣
師に**シンスイ**（　　）する	心酔
シンセキ（　　）付き合い	親戚
ジンソク（　　）な行動	迅速
ジンチク（　　）無害だ	人畜
シンビガン（　　）を養う	審美眼
任務を**スイコウ**（　　）する	遂行

議長に**スイセン**（　　）する	推薦
スウコウ（　　）な理想	崇高
神を**スウハイ**（　　）する	崇拝
セイキュウショ（　　）がくる	請求書
校歌を**セイショウ**（　　）する	斉唱
キリストの**セイタン**（　　）	生誕
古典に**セイツウ**（　　）する	精通
整理**セイトン**（　　）する	整頓
世界を**セイハ**（　　）する	制覇
セイヒン（　　）に甘んじる	清貧
お**セイボ**（　　）を頂く	歳暮
セジョウ（　　）して外出する	施錠
市場を**セッケン**（　　）する	席巻(捲)
栄養分を**セッシュ**（　　）する	摂取
外国との**セッショウ**（　　）	折衝
セツジョク（　　）を果たす	雪辱
客を**セッタイ**（　　）する	接待
費用を**セッパン**（　　）する	折半
センサイ（　　）な心を持つ	繊細
センザイ（　　）意識	潜在
ゼンジ（　　）好転してくる	漸次
前向きに**ゼンショ**（　　）する	善処
仕事に**センシン**（　　）する	専心
服を**センタク**（　　）する	洗濯
選手**センセイ**（　　）する	宣誓
センニュウカン（　　）を持つ	先入観
ソウゴ（　　）理解を深める	相互
ソウゴン（　　）な読経の声	荘厳
隅々まで**ソウジ**（　　）する	掃除
自信を**ソウシツ**（　　）する	喪失
飛行機の**ソウジュウ**（　　）	操縦
花束を**ゾウテイ**（　　）する	贈呈
言葉を**ソウニュウ**（　　）する	挿入
ソウラン（　　）を鎮める	騒乱

ソウレイ（　　）な建築	壮麗
ゾウワイ（　　）の疑い	贈賄
友人と**ソエン**（　　）になる	疎遠
反対運動を**ソシ**（　　）する	阻止
ソシキ（　　）を作る	組織
ソショウ（　　）を起こす	訴訟
適切な**ソチ**（　　）をとる	措置
ソッセン（　　）して行う	率先
車で**タイキ**（　　）する	待機
ダイショウ（　　）を支払う	代償
タイダ（　　）な生活を送る	怠惰
職務**タイマン**（　　）	怠慢
危機を**ダカイ**（　　）する	打開
ダキョウ（　　）案を出す	妥協
人生を**タッカン**（　　）する	達観
不況からの**ダッキャク**（　　）	脱却
ダラク（　　）生活から抜け出す	堕落
タンカ（　　）で運ぶ	担架
タンテイ（　　）に依頼する	探偵
歴史の**タンボウ**（　　）	探訪
ダンマツマ（　　）の苦しみ	断末魔(摩)
心身の**タンレン**（　　）	鍛練(錬)
チツジョ（　　）を保つ	秩序
チッソク（　　）死する	窒息
チマナコ（　　）で追跡する	血眼
チミツ（　　）な計画	緻密
成分を**チュウシュツ**（　　）する	抽出
チュウセイ（　　）を誓う	忠誠
俗世を**チョウエツ**（　　）する	超越
チョウカイ（　　）免職	懲戒
税金の**チョウシュウ**（　　）	徴収
チョウジュウ（　　）保護	鳥獣
チョウボウ（　　）がよい	眺望
軽く**チョウヤク**（　　）する	跳躍

チョチク（　　）する	貯蓄
正直に**チンジュツ**（　　）する	陳述
作品を**チンレツ**（　　）する	陳列
借金の**テイトウ**（　　）	抵当
テイボウ（　　）を築く	堤防
テキギ（　　）解散する	適宜
テッテイ（　　）的に捜す	徹底
統制を**テッパイ**（　　）する	撤廃
責任**テンカ**（　　）	転嫁
議論を**テンカイ**（　　）する	展開
日本人の**テンケイ**（　　）	典型
作文を**テンサク**（　　）する	添削
テンポ（　　）を拡張する	店舗
明かりが**テンメツ**（　　）する	点滅
意気**トウゴウ**（　　）する	投合
ドウサツ（　　）力が鋭い	洞察
飛行機に**トウジョウ**（　　）する	搭乗
陸軍を**トウスイ**（　　）する	統帥
言語**ドウダン**（　　）	道断
利益を**ドガイシ**（　　）する	度外視
トクギ（　　）を持つ	特技
上位を**ドクセン**（　　）する	独占
ドクソウ（　　）的な考え方	独創
トクメイ（　　）の投書	匿名
肥沃な**ドジョウ**（　　）	土壌
ドレイ（　　）解放	奴隷
ニンシン（　　）を喜ぶ	妊娠
ネング（　　）をとりたてる	年貢
ノウリ（　　）をよぎる	脳裏
実情を**ハアク**（　　）する	把握
土地の**バイキャク**（　　）	売却
ハイグウシャ（　　）控除	配偶者
多額の**バイショウ**（　　）金	賠償
日本製品の**ハイセキ**（　　）	排斥

細菌の**バイヨウ**（　　）	培養
他人に**ハイリョ**（　　）する	配慮
ハクガンシ（　　）される	白眼視
ハクライ（　　）品の時計	舶来
ハクリ（　　）多売でもうける	薄利
社員を**ハケン**（　　）する	派遣
実力を**ハッキ**（　　）する	発揮
バツグン（　　）の成績	抜群
木を**バッサイ**（　　）する	伐採
選手が**ハップン**（　　）する	発憤(奮)
世相を**ハンエイ**（　　）する	反映
野鳥の**ハンショク**（　　）地	繁殖
荷物の**ハンニュウ**（　　）	搬入
植物が**ハンモ**（　　）する	繁茂
人生の**ヒアイ**（　　）	悲哀
自分を**ヒゲ**（　　）する	卑下
条約を**ヒジュン**（　　）する	批准
ヒフ（　　）病にかかる	皮膚
ビミョウ（　　）な違い	微妙
大臣を**ヒメン**（　　）する	罷免
ヒヤク（　　）の年にする	飛躍
ヒョウショウ（　　）式	表彰
ヒョウハク（　　）の旅	漂泊
海を**ヒョウリュウ**（　　）する	漂流
ヒロウエン（　　）に出席する	披露宴
ヒンシ（　　）の状態	瀕死
ヒンソウ（　　）な身なり	貧相
ビンワン（　　）を認める	敏腕
フウキ（　　）を乱す	風紀
フオン（　　）な動き	不穏
フカケツ（　　）な条件	不可欠
フクスイ（　　）盆に返らず	覆水
フクツ（　　）の精神	不屈
フショウ（　　）事が続く	不祥

ブジョク（　　）される	侮辱
安**ブシン**（　　）の家	普請
湯が**フットウ**（　　）する	沸騰
単身**フニン**（　　）する	赴任
フハイ（　　）した政治	腐敗
フヘン（　　）的な考え方	普遍
フヨウ（　　）義務がある	扶養
家庭の**フンイキ**（　　）	雰囲気
大いに**フンガイ**（　　）する	憤慨
フンキ（　　）して出発する	奮起
会議が**フンキュウ**（　　）する	紛糾
書類を**フンシツ**（　　）する	紛失
成分を**ブンセキ**（　　）する	分析
ヘイガイ（　　）を取り除く	弊害
ベンギ（　　）を図る	便宜
ヘンクツ（　　）な性格	偏屈
ベンゼツ（　　）をふるう	弁舌
人生**ヘンレキ**（　　）を語る	遍歴
計画を**ボウガイ**（　　）する	妨害
成り行きを**ボウカン**（　　）する	傍観
戦争を**ホウキ**（　　）する	放棄
ボウセキ（　　）工場で働く	紡績
物語の**ボウトウ**（　　）	冒頭
物価が**ボウトウ**（　　）する	暴騰
知人宅を**ホウモン**（　　）する	訪問
鯨を**ホカク**（　　）する	捕獲
伝染病の**ボクメツ**（　　）	撲滅
事件の**ホッタン**（　　）	発端
研究に**ボットウ**（　　）する	没頭
ホリョ（　　）生活を送る	捕虜
自由**ホンポウ**（　　）な生活	奔放
貿易**マサツ**（　　）が生じる	摩擦
登録を**マッショウ**（　　）する	抹消
勝利感を**マンキツ**（　　）する	満喫

マンジョウ（　　）一致	満場
マンセイ（　　）の風邪	慢性
マンルイ（　　）ホームラン	満塁
ミゾウ（　　）の発達をする	未曾有
前人**ミトウ**（　　）の地	未到
ミャクラク（　　）のない話	脈絡
観客を**ミリョウ**（　　）する	魅了
ムジャキ（　　）に遊ぶ	無邪気
ムジュン（　　）した考え	矛盾
無我**ムチュウ**（　　）になる	夢中
ムホン（　　）を企てる	謀反(叛)
メイソウ（　　）にふける	瞑想
簡単**メイリョウ**（　　）	明瞭
被害**モウソウ**（　　）	妄想
モウレツ（　　）な勢い	猛烈
モクヒケン（　　）の行使	黙秘権
モケイ（　　）の飛行機	模型
モホウ（　　）に優れる	模倣
ヤクドウ（　　）感がある	躍動
ヤクビョウ（　　）神を払う	疫病
ヤバン（　　）な人だ	野蛮
ユイショ（　　）ある家柄	由緒
日中**ユウコウ**（　　）条約	友好
ユウゼン（　　）たる姿	悠然
ユウチョウ（　　）に構える	悠長
ユウドウ（　　）尋問	誘導
ヨイン（　　）を残す	余韻
人権**ヨウゴ**（　　）の立場	擁護
募集**ヨウコウ**（　　）が出る	要項
ヨダン（　　）は許されない	予断
ヨユウ（　　）のある生活	余裕
うなぎの**ヨウショク**（　　）	養殖
ラクノウ（　　）が盛んな国	酪農
言葉を**ラレツ**（　　）する	羅列

リジュン（　　）を追求する	利潤
リチギ（　　）な性格	律儀（義）
リフジン（　　）な要求	理不尽
金品を**リャクダツ**（　　）する	略（掠）奪
外貨に**リョウガエ**（　　）する	両替
顔の**リンカク**（　　）	輪郭（廓）
ルイセキ（　　）赤字に悩む	累積
レイギ（　　）正しい人	礼儀
良家の**レイジョウ**（　　）	令嬢
レンサ（　　）反応が起きる	連鎖
百戦**レンマ**（　　）の強者	錬（練）磨
ロウバ（　　）心から言う	老婆
時間の**ロウヒ**（　　）	浪費
ロコツ（　　）な表現	露骨

イ（　）まわしい出来事	忌
ひどい話に**イキドオ**（　）る	憤
イコ（　）いのひと時	憩
イサギヨ（　）い態度	潔
成長が**イチジル**（　）しい	著
イツク（　）しみの心を持つ	慈
申し出を**イナ**（　）む	否
イマシ（　）める言葉	戒
よく**ウ**（　）れた木の実	熟
お宅に**ウカガ**（　）う	伺
この土地に**ウト**（　）い	疎
注意を**ウナガ**（　）す	促
雨で**ウルオ**（　）う	潤
ウルワ（　）しい女性	麗
ウレ（　）いを帯びた顔	愁（憂）
エリ（　）を正して聞く	襟
祝いの**エン**（　）が催される	宴
努力を**オコタ**（　）る	怠
危険な状態に**オチイ**（　）る	陥
生活が**オビヤ**（　）かされる	脅
カ（　）け出して行く	駆
橋を**カ**（　）ける	架
菊の花が**カオ**（　）る	薫（香）
食事が**カタヨ**（　）る	偏
人生の**カテ**（　）とする	糧
ハープを**カナ**（　）でる	奏
のどが**カワ**（　）く	渇
景気が**カンバ**（　）しくない	芳
回復の**キザ**（　）しが見える	兆
正確に時を**キザ**（　）む	刻
体を**キタ**（　）える	鍛
キビ（　）しい校則	厳
つめをかむ**クセ**（　）	癖
ボールを**ケ**（　）る	蹴

ケワ（　）しい山を登る	険
コ（　）を描いて落ちる	弧
ボートを**コ**（　）ぐ	漕
損害を**コウム**（　）る	被
出席を**コバ**（　）み続ける	拒
秘伝を**サズ**（　）ける	授
仕事の**サマタ**（　）げになる	妨
動物を**シイタ**（　）げる	虐
母を**シタ**（　）う	慕
箱をひもで**シバ**（　）る	縛
腰を**ス**（　）える	据
科学の**スイ**（　）を集める	粋
スコ（　）やかに育つ	健
間隔を**セバ**（　）める	狭
川に**ソ**（　）って歩く	沿
父に**ソム**（　）く	背
ご飯を**タ**（　）く	炊
家業に**タズサ**（　）わる	携
着物を**タタ**（　）む	畳
子どもが**タワム**（　）れる	戯
参加者を**ツノ**（　）る	募
ツバサ（　）を広げる	翼
友人を**ナグサ**（　）める	慰
ナゴ（　）やかな家庭	和
ネバ（　）り強くがんばる	粘

優勝を**ネラ**（　）っている	狙
ハ（　）きやすい靴	履
日夜仕事に**ハゲ**（　）む	励
行く手を**ハバ**（　）まれる	阻
ハル（　）かなる故郷	遥
約束を**ヒルガエ**（　）す	翻
机の上を**フ**（　）く	拭
フク（　）れっ面をする	膨（脹）
山の**フモト**（　）の宿	麓
距離を**ヘダ**（　）てる	隔
わが子を**ホ**（　）める	褒（誉）
石炭を**ホ**（　）る仕事	掘
死者を**ホウム**（　）る	葬
業績を**ホコ**（　）る	誇
ホドコ（　）しを受ける	施
人ごみに**マギ**（　）れる	紛
マタタ（　）く間の出来事	瞬
ミジ（　）めな結果になる	惨
ミニク（　）い争いをする	醜
その**ムネ**（　）を伝える	旨
世界の国々を**メグ**（　）る	巡
光が**モ**（　）れる	漏（洩）
モッパ（　）ら輸出用だ	専
ヨイ（　）の明星が出る	宵
希望が**ワ**（　）いてくる	湧（涌）

(2) 同音異字（類似形字）

オク	□病（オクビョウ）気おくれする	臆
	記□（キオク）おぼえる	憶
カイ	破□（ハカイ）こわす	壊
	□古（カイコ）なつかしむ	懐
ガイ	□説（ガイセツ）だいたい	概
	憤□（フンガイ）なげく	慨
カク	□得（カクトク）つかまえる	獲
	収□（シュウカク）とりいれ	穫
カン	交□（コウカン）かえる	換
	□起（カンキ）よぶ	喚
カン	□迎（カンゲイ）よろこぶ	歓
	□察（カンサツ）みる	観
	□誘（カンユウ）すすめる	勧

ケン
- □約（ケンヤク）無駄を省く　倹
- □査（ケンサ）しらべる　検

コ
- □独（コドク）一人ぼっち　孤
- 円□（エンコ）ゆみ　弧

コウ
- 王□（オウコウ）人君　侯
- □補（コウホ）待つ　候

コウ
- □造（コウゾウ）かまえ　構
- □義（コウギ）説く　講
- □入（コウニュウ）あがなう　購

コウ
- □外（コウガイ）町外れ　郊
- □果（コウカ）ききめ　効

サイ
- □培（サイバイ）植える　栽
- □判（サイバン）さばく　裁
- 掲□（ケイサイ）のせる　載

ジョ
- □行（ジョコウ）ゆっくりと　徐
- □外（ジョガイ）のぞく　除

ショク
- □物（ショクブツ）うえる　植
- 生□（セイショク）ふえる　殖

ソ
- □税（ソゼイ）税金　租
- □先（ソセン）おや　祖

ソウ
- □健（ソウケン）強い　壮
- 別□（ベッソウ）別宅　荘

チョウ
- 通□（ツウチョウ）ちょうめん　帳
- 主□（シュチョウ）言いはる　張

テイ
- □案（テイアン）表し示す　提
- □防（テイボウ）つつみ　堤

テキ
- 快□（カイテキ）心にかなう　適
- 指□（シテキ）つまむ　摘

テツ
- □回（テッカイ）やめにする　撤
- □底（テッテイ）つらぬきとおす　徹

トウ
- □写（トウシャ）うつる　謄
- □貴（トウキ）あがる　騰

ノウ
- 苦□（クノウ）なやむ　悩
- 頭□（ズノウ）のう　脳

フク
- 往□（オウフク）かえる　復
- □雑（フクザツ）かさなる　複

フン
- □砕（フンサイ）こな　粉
- □糾（フンキュウ）もつれる　紛

フン
- 私□（シフン）いきどおる　憤
- □墓（フンボ）はか　墳
- □出（フンシュツ）はき出す　噴

ヘイ
- □害（ヘイガイ）悪いこと　弊
- 貨□（カヘイ）お金　幣

ヘン
- □食（ヘンショク）かたよる　偏
- 普□（フヘン）ひろく行きわたる　遍

ボウ
- 予□（ヨボウ）ふせぐ　防
- □害（ボウガイ）さまたげる　妨

マン
- □画（マンガ）こっけいな　漫
- 自□（ジマン）おごりたかぶる　慢

ユ
- □告（ユコク）さとす　諭
- □快（ユカイ）たのしむ　愉
- □送（ユソウ）おくる　輸

(3) 同訓異字

あう
- 計算がア（　）う　合
- 客とア（　）う時刻　会
- 災難にア（　）う　遭

あける
- 年がア（　）ける　明
- 家をア（　）ける　空
- 店をア（　）ける　開

あげる
- 腕前をア（　）げる　上
- てんぷらをア（　）げる　揚
- 手をア（　）げる　挙

あたたかい
- アタタ（　）かい春　暖
- アタタ（　）かい料理　温

あつい	今年の夏はアツ（　）い	暑
	アツ（　）い湯	熱
	アツ（　）い本を読む	厚
	アツ（　）い志	篤
あてる	食費にア（　）てる	充
	日光にア（　）てる	当
あやまる	操作をアヤマ（　）る	誤
	非礼をアヤマ（　）る	謝
あらい	波がアラ（　）い	荒
	粒がアラ（　）い	粗
あらわす	言葉にアラワ（　）す	表
	姿をアラワ（　）す	現
	小説をアラワ（　）す	著
ある	証拠がア（　）る	有
	日本は東アジアにア（　）る	在
いたむ	のどがイタ（　）む	痛
	家がイタ（　）む	傷
	死をイタ（　）む	悼
いる	恥じイ（　）る	入
	金がイ（　）る	要
うける	注文をウ（　）ける	受
	工事をウ（　）ける	請
うつ	刀をウ（　）つ	打
	賊をウ（　）つ	討
	鉄砲をウ（　）つ	撃
うつす	手本をウツ（　）す	写
	鏡にウツ（　）す	映
	場所をウツ（　）す	移
うむ	好成果をウ（　）む	生
	ウ（　）みの苦しみ	産
おかす	罪をオカ（　）す	犯
	権利をオカ（　）す	侵（犯）
	危険をオカ（　）す	冒

おくる	駅までオク（　）る	送
	お祝いの品をオク（　）る	贈
おさめる	成功をオサ（　）める	収
	税をオサ（　）める	納
	国をオサ（　）める	治
	学業をオサ（　）める	修
おす	扉をオ（　）す	押
	会長にオ（　）す	推
おどる	リズムに合わせてオド（　）る	踊
	馬がオド（　）る	躍
おもて	裏とオモテ（　）	表
	矢オモテ（　）に立つ	面
おろす	船の乗客をオ（　）ろす	降
	枝をオ（　）ろす	下
かえす	借金をカエ（　）す	返
	親もとへカエ（　）す	帰
かえりみる	家族をカエリ（　）みる	顧
	自らをカエリ（　）みる	省
かえる	方針をカ（　）える	変
	物を金にカ（　）える	換
	振りカ（　）える	替
	書面をもって挨拶にカ（　）える	代
かかる	迷惑がカ（　）かる	掛
	日が中天にカ（　）かる	懸
	虹がカ（　）かる	架
かげ	カゲ（　）で悪口を言う	陰
	障子にカゲ（　）が映る	影
かた	服のカタ（　）が崩れる	形
	カタ（　）にはまる	型
かたい	カタ（　）い材木	堅
	頭がカタ（　）い	固
	カタ（　）い石	硬
かわ	羊のカワ（　）をはぐ	皮
	カワ（　）の靴	革

かわく	室内の空気がカワ（　）く	乾
	のどがカワ（　）く	渇
きく	うわさをキ（　）く	聞
	音楽をキ（　）く	聴
	薬がキ（　）く	効
	気がキ（　）く	利
きわめる	道理をキワ（　）める	窮
	山頂をキワ（　）める	極
	学問をキワ（　）める	究（窮）
こらす	工夫をコ（　）らす	凝
	悪をコ（　）らす	懲
さがす	犯人をサガ（　）す	捜
	宝物をサガ（　）す	探（捜）
さく	布をサ（　）く	裂
	領土をサ（　）く	割
さげる	室内の温度をサ（　）げる	下
	手にサ（　）げる	提
さす	光がサ（　）す	差
	目的地をサ（　）して進む	指
	針をサ（　）す	刺
	花をサ（　）す	挿
さめる	目がサ（　）める	覚
	湯がサ（　）める	冷
	酔いがサ（　）める	醒
さわる	犬にサワ（　）る	触
	気にサワ（　）る	障
しずめる	鳴りをシズ（　）める	静
	内乱をシズ（　）める	鎮
	船をシズ（　）める	沈
しぼる	タオルをシボ（　）る	絞
	乳をシボ（　）る	搾
しめる	帯をシ（　）める	締
	首をシ（　）める	絞
	窓をシ（　）める	閉

すすめる	時計をスス（　）める	進
	入団をスス（　）める	勧（奨）
	候補者としてスス（　）める	薦
する	版画をス（　）る	刷
	ひざをス（　）りむく	擦
せめる	人をセ（　）める	責
	他国をセ（　）める	攻
そう	川にソ（　）って下る	沿
	寄りソ（　）う	添
そなえる	地震にソナ（　）える	備
	お神酒《みき》をソナ（　）える	供
たえる	鑑賞にタ（　）える	堪
	重圧にタ（　）える	耐
	血統がタ（　）える	絶
たずねる	道をタズ（　）ねる	尋
	友人をタズ（　）ねる	訪
たたかう	隣国とタタカ（　）う	戦
	病気とタタカ（　）う	闘
たつ	退路をタ（　）つ	断
	消息をタ（　）つ	絶
	生地をタ（　）つ	裁
	席をタ（　）つ	立
	家がタ（　）つ	建
たっとい・とうとい	タット・トウト（　）い生命	尊
	タット・トウト（　）い資料	貴
たま	タマ（　）にきず	玉
	電球のタマ（　）	球
	鉄砲のタマ（　）	弾
つかう	機械をツカ（　）う	使
	気をツカ（　）う	遣
つく	絵の具が顔にツ（　）く	付
	席にツ（　）く	着
	職にツ（　）く	就

つぐ
- 事件が相ツ（　）ぐ　次
- 会社をツ（　）ぐ　継
- 木をツ（　）ぐ　接

つくる
- 麦をツク（　）る　作
- 船をツク（　）る　造

つつしむ
- 身をツツシ（　）む　慎
- ツツシ（　）んで申し上げる　謹

つとめる
- 完成にツト（　）める　努
- 会社にツト（　）める　勤
- 秘書をツト（　）める　務

とく
- 暗号をト（　）く　解
- 絵の具をト（　）く　溶
- 教えをト（　）く　説

ととのえる
- 文章をトトノ（　）える　整
- 晴れ着をトトノ（　）える　調

とぶ
- 鳥が空をト（　）ぶ　飛
- みぞをト（　）ぶ　跳

とめる
- 足をト（　）める　止
- ボタンをト（　）める　留
- 友達を家にト（　）める　泊

とる
- メモをト（　）る　取
- 血をト（　）る　採
- 事務をト（　）る　執
- 虫をト（　）る　捕
- 写真をト（　）る　撮

なおす
- 欠点をナオ（　）す　直
- 風邪をナオ（　）す　治（直）

ながい
- ナガ（　）い髪の毛　長
- 末ナガ（　）い行く末　永

ならう
- 先生に茶道をナラ（　）う　習
- 前例にナラ（　）う　倣

のぞむ
- 遠くをノゾ（　）む　望
- 海にノゾ（　）む　臨

のばす
- 手足をノ（　）ばす　伸
- 締め切りをノ（　）ばす　延

のぼる
- 損害が一億円にノボ（　）る　上
- 山にノボ（　）る　登
- 月がノボ（　）る　昇

のる
- バスにノ（　）る　乗
- 新聞にノ（　）る　載

はえ
- 夕日にハ（　）える山　映
- ハ（　）えある受賞　栄

はかる
- 合理化をハカ（　）る　図
- 時間をハカ（　）る　計
- 水深をハカ（　）る　測
- 体重をハカ（　）る　量
- 暗殺をハカ（　）る　謀
- 委員会にハカ（　）る　諮

はじめ
- 年のハジ（　）め　初
- ハジ（　）めと終わり　始

はな
- ハナ（　）も実もある　花
- ハナ（　）やかな演技　華

はなす
- 手すりから手をハナ（　）す　離
- 鳥をハナ（　）す　放

はやい
- 時間がハヤ（　）い　早
- 足がハヤ（　）い　速

ひ
- ヒ（　）が燃える　火
- ヒ（　）をともす　灯

ひく
- 綱をヒ（　）く　引
- バイオリンをヒ（　）く　弾

ふえる
- 貯金がフ（　）える　殖
- 人数がフ（　）える　増

ふく
- 風がフ（　）く　吹
- 水がフ（　）き出る　噴

ふける
- 夜がフ（　）ける　更
- 急にフ（　）け込む　老

読み	例	漢字
ふた	フタ（　）つ折り	二
	フタ（　）子の姉妹	双
まじる	漢字仮名マ（　）じり文	交
	異物がマ（　）じる	混
まち	下マチ（　）に住む	町
	マチ（　）の明かり	街
まわり	身のマワ（　）り	回
	公園のマワ（　）り	周
みる	景色をミ（　）る	見
	患者をミ（　）る	診
もと	法のモト（　）の平等	下
	モト（　）を正す	本
	資料をモト（　）にする	基
やぶれる	障子がヤブ（　）れる	破
	試合にヤブ（　）れる	敗
やわらか	ヤワ（　）らかな日ざし	和
	ヤワ（　）らかい毛	柔
	ヤワ（　）らかな土	軟
よい	成績がヨ（　）い	良
	ヨ（　）い行い	善
よむ	説明書をヨ（　）む	読
	和歌をヨ（　）む	詠
わざ	至難のワザ（　）	業
	柔道のワザ（　）	技
わずらう	思いワズラ（　）う	煩
	肝臓をワズラ（　）う	患

(4) 同音異義語

〈アイショウ〉

- 猫のアイショウ（　　）を募集する　　愛称（親しんで呼ぶ名前）
- 友の死をアイショウ（　　）する　　哀傷（悲しみいたむこと）
- 彼とはアイショウ（　　）がいい　　相性（性格が合うこと）
- 外国の歌をアイショウ（　　）する　　愛唱（好きで，いつも歌うこと）

〈アイセキ〉

- 故人のアイセキ（　　）した品　　愛惜（いとおしんで大切にすること）
- アイセキ（　　）の思いにかられる　　哀惜（人の死を悲しみ惜しむこと）

〈イガイ〉

- 女性イガイ（　　）参加できない　　以外（その他のもの）
- イガイ（　　）な反応に驚く　　意外（予想外のこと）

〈イカン〉

- 仕事を他へイカン（　　）する　　移管（管理を移すこと）
- 大変イカン（　　）だ　　遺憾（残念なこと）

〈イギ〉

- 有イギ（　　）な体験だ　　意義（意味・価値がある）
- 全員イギ（　　）なし　　異議（異なる議論・意見）
- イギ（　　）を正す　　威儀（厳かな振る舞い）
- 同音イギ（　　）語を調べる　　異義（異なった意味）

〈イギョウ〉

イギョウ（　　）を成し遂げる　偉業（優れた仕事）
亡祖父のイギョウ（　　）を継承する　遺業（後に残した事業）

〈イケン〉

自分のイケン（　　）を述べる　意見（個人の考え）
決定に対してイケン（　　）を唱える　異見（反対の意見）

〈イコウ〉

先方のイコウ（　　）に添う（沿う）　意向（考え・思惑）
親のイコウ（　　）で出世する　威光（畏れ従わせる力）
故人のイコウ（　　）を整理する　遺稿（未発表の，故人の原稿）
来月イコウ（　　）の予定を立てる　以降（それより後）
制度がイコウ（　　）する　移行（他に移り変わること）

〈イサイ〉

イサイ（　　）は面談の折　委細（詳しいこと）
イサイ（　　）を放つ　異彩（優れて際立つこと）

〈イシ〉

故人のイシ（　　）を継ぐ　遺志（故人の生前の意向）
彼はイシ（　　）が弱い　意志（何かをしようとする積極的な意欲の持ち方）
イシ（　　）の疎通ができない　意思（何かをしたいと思う考え）

〈イショウ〉

イショウ（　　）を凝らした調度品　意匠（デザイン・考案）
豪華なイショウ（　　）だ　衣装（着物）

〈イジョウ〉

イジョウ（　　）気象が起こる　異常（通常とは違うこと）
権利をイジョウ（　　）する　委譲（他にまかせ，ゆずること）
バスから電車へイジョウ（　　）する　移乗（他の乗り物に乗り移ること）

〈イショク〉

役員をイショク（　　）する　委嘱（人に任せ，頼むこと）
イショク（　　）足りて礼節を知る　衣食（衣服と食事・生活）
イショク（　　）の人物である　異色（目立った特色）
桜の木をイショク（　　）する　移植（植えかえること）

〈イゾン〉

趣旨にイゾン（　　）はない	異存（反対の考え）
外国に食糧をイゾン（　　）する	依存（他のものに頼る）

〈イドウ〉

車をイドウ（　　）させる	移動（位置をかえること）
春の人事イドウ（　　）	異動（勤務が変わること）
両者のイドウ（　　）を比較する	異同（異なる点）

〈エイキ〉

エイキ（　　）を養う	英気（人より優れた性質・元気）
エイキ（　　）に満ちた若者	鋭気（鋭く強い気性）

〈エイリ〉

エイリ（　　）な頭脳	鋭利（鋭く，良く切れる）
エイリ（　　）企業	営利（財産上の利益を図る）

〈エンカク〉

東京都のエンカク（　　）	沿革（移り変わり）
エンカク（　　）操作	遠隔（遠く隔たっていること）

〈オウシュウ〉

証拠品をオウシュウ（　　）する	押収（取り上げること）
議論のオウシュウ（　　）	応酬（やりかえすこと）

〈ガイカン〉

ガイカン（　　）が立派な建物	外観（外から見た様子）
日本経済をガイカン（　　）する	概観（物事の様子の全体をおおざっぱに見ること）

〈カイキュウ〉

上流カイキュウ（　　）意識が強い	階級（位・地位・階層）
カイキュウ（　　）の念が起こる	懐旧（昔を懐かしむこと）

〈カイコ〉

学生時代をカイコ（　　）する	回顧（昔を顧みること）
大量にカイコ（　　）される	解雇（辞めさせること）
カイコ（　　）趣味がある	懐古（昔を懐かしむこと）

〈カイシン〉

カイシン（　　）して自首する	改心（悪い心を改めること）
カイシン（　　）の出来映え	会心（思ったとおりだと満足すること）

〈カイトウ〉

先生からのカイトウ（　　）　回答（質問などの返事）
読解問題のカイトウ（　　）　解答（問題などの答え）

〈ガイトウ〉

ガイトウ（　　）が輝いている　街灯（道路を照らす灯火）
ガイトウ（　　）で募金をする　街頭（まちなか・路上）
ガイトウ（　　）人物がいる　該当（あてはまること）

〈カイホウ〉

校庭をカイホウ（　　）する　開放（開け放す）
女性カイホウ（　　）運動　解放（束縛を解き放す）
病人をカイホウ（　　）する　介抱（弱者の身辺の世話をすること）
病がカイホウ（　　）に向かう　快方（病気，負傷が治る方向）

〈カギョウ〉

カギョウ（　　）を継ぐ　家業（家の職業・商売）
カギョウ（　　）に精を出す　稼業（生活のため，収入源としての職業）

〈カクシン〉

保守とカクシン（　　）の対立　革新（改め，新しくする）
カクシン（　　）に満ちた議論　確信（かたく信じている）
問題のカクシン（　　）に触れる　核心（中心となるところ）

〈カテイ〉

中学校の教育カテイ（　　）　課程（期間内の学習内容）
結論に至るカテイ（　　）　過程（経過のみちすじ）
最悪の事態をカテイ（　　）して備える　仮定（考えを進める必要上，仮に決めること）

〈カンキ〉

注意をカンキ（　　）する　喚起（呼び起こすこと）
窓を開けてカンキ（　　）する　換気（室内の空気を入れ換えること）

〈カンシ〉

衆人カンシ（　　）の中での事件　環視（とりまいて見る）
店内をカンシ（　　）する　監視（番をして見張る）

〈カンシュウ〉

カンシュウ（　　）を守りぬく　慣習（伝統的な儀式）
超満員のカンシュウ（　　）　観衆（大勢の見物人）
百科辞典のカンシュウ（　　）をする　監修（編集を監督する）

〈カンショウ〉

外国のカンショウ（　　）を受ける	干渉（立ち入り関わる）
カンショウ（　　）的な気分になる	感傷（心を傷めること）
絵画をカンショウ（　　）する	鑑賞（芸術品を味わう）
カンショウ（　　）用の魚	観賞（動植物などを見て楽しむこと）
人生をカンショウ（　　）する	観照（対象を客観的に見つめること）

〈カンシン〉

華道にカンシン（　　）がある	関心（心にかけること）
カンシン（　　）な青年の行為	感心（心に深く感じる）
お客のカンシン（　　）を買う	歓心（喜びうれしい心）
カンシン（　　）に堪えない気持ち	寒心（肝を冷やすこと）

〈カンセイ〉

カンセイ（　　）な住宅街に住んでいる	閑静（ひっそりとして静かなこと）
カンセイ（　　）の法則	慣性（物体が常に現在の運動状態を保とうとする性質）
カンセイ（　　）にはまる	陥穽（落とし穴）
すばらしいカンセイ（　　）の持ち主	感性（物事を心に深く感じ取る働き）
工事がカンセイ（　　）した	完成（完全にでき上がること）

〈カンヨウ〉

カンヨウ（　　）句の用い方	慣用（使い慣れること）
何事も注意がカンヨウ（　　）だ	肝要（最も重要なこと）
カンヨウ（　　）な態度で臨む	寛容（寛大に受け入れる）

〈キカン〉

戦地から無事キカン（　　）する	帰還（基地や故国へ帰ること）
教育キカン（　　）が発達する	機関（特定の働きを担う・主体性を持つ小組織）
キカン（　　）支炎にかかる	気管（呼吸の際の空気の通路）
消化キカン（　　）が弱い	器官（生物体の内部で特定の機能と形を持つ部分）
キカン（　　）の書物を全て備える	既刊（すでに刊行してあること・もの）

〈キゲン〉

キゲン（　　）を記した書物	起源（物事のおこり）
キゲン（　　）のよい時にねだる	機嫌（快，不快の気分）
約束のキゲン（　　）がくる	期限（定められた期間）

〈キコウ〉

キコウ(　　)を改革する	機構(組織・仕組み)
キコウ(　　)式を行う	起工(工事を始めること)
学会誌にキコウ(　　)する	寄稿(原稿を送ること)
キコウ(　　)に恵まれた地域	気候(一定の地域の長期の気温，晴雨などの状態)
旅先でキコウ(　　)文を書く	紀行(旅での見聞，感想などを書いた文)

〈キジュン〉

評価のキジュン(　　)を決める	規準(模範となるもの)
比較のキジュン(　　)を設定した	基準(基礎にする標準)

〈キショウ〉

キショウ(　　)価値がある	希(稀)少(非常に数量の少ない様子)
キショウ(　　)の激しい人	気性(生まれつきの性質・気質)
キショウ(　　)情報を聞く	気象(大気の総合的な現象)
午前6時にキショウ(　　)する	起床(寝床から起き出すこと)

〈キセイ〉

キセイ(　　)品を買う	既製(出来合い)
キセイ(　　)事実をつくる	既成(既に行われている)
交通キセイ(　　)が厳しくなる	規制(規則で制限する)
キセイ(　　)客で混む	帰省(故郷に帰ること)

〈キトク〉

父キトク(　　)の電報	危篤(死にそうな状態)
キトク(　　)な人物	奇特(特に優れている)

〈キョウイ〉

情報科学のキョウイ(　　)的発展	驚異(ひどく驚くべきこと)
武力のキョウイ(　　)を受ける	脅威(威力によるおどし)

〈キョウギ〉

役員全員でキョウギ(　　)する	協議(集まって相談する)
広義とキョウギ(　　)の意味	狭義(狭い範囲の語意)
仏教のキョウギ(　　)を研究する	教義(宗教の教え)

〈キョウソウ〉

キョウソウ(　　)相手	競争(勝敗・優劣を争うこと)
100mキョウソウ(　　)	競走(走る速さを競うこと)

〈キョウチョウ〉

自説ばかりキョウチョウ（　　）する　強調（調子を強めること）
国際キョウチョウ（　　）の精神　協調（互いに助け合う）

〈キョウハク〉

キョウハク（　　）観念を抱く　強迫（無理に自由意志の決定を妨げること）
誘拐してキョウハク（　　）する　脅迫（弱味につけこんでおどしつけること）

〈キョクゲン〉

キョクゲン（　　）状態になる　極限（果て・限界）
問題をキョクゲン（　　）する　局限（ある範囲に限定すること）

〈キョクチ〉

美のキョクチ（　　）を堪能する　極致（最高の状態）
キョクチ（　　）を探検する　極地（果ての土地）
キョクチ（　　）的な大雨　局地（限られた土地）

〈ケイイ〉

ケイイ（　　）を表する　敬意（尊敬する気持ち）
事柄のケイイ（　　）を説明する　経緯（物事のいきさつ）

〈ケイカイ〉

ケイカイ（　　）な踊りを楽しむ　軽快（身軽ですばやい様）
ケイカイ（　　）を厳重にする　警戒（注意して用心する）

〈ケイキ〉

失敗は成功へのケイキ（　　）だ　契機（きっかけ）
ケイキ（　　）の回復を目指す　景気（経済活動の状況）

〈ケイショウ〉

現代社会へのケイショウ（　　）　警鐘（警告するための鐘）
伝統文化をケイショウ（　　）する　継承（うけつぐこと）

〈ケッサイ〉

部長のケッサイ（　　）をもらう　決裁（可否を決めること）
ケッサイ（　　）を済ませる　決済（お金を払い，取引を終えること）

〈ケンショウ〉

ケンショウ（　　）金をかける　懸賞（賞をかけること）
児童ケンショウ（　　）を尊重する　憲章（おきて）
実地ケンショウ（　　）を行う　検証（調べて証拠だてる）

〈ケントウ〉

彼のケントウ（　　）を祈る	健闘（全力で戦うこと）
内容をケントウ（　　）する	検討（よく調べて考える）

〈コウイ〉

コウイ（　　）を寄せる	好意（親愛感を持つこと）
コウイ（　　）を無にする	厚意（思いやりのある温かい心・親切）

〈コウエン〉

歌劇のコウエン（　　）を見に行く	公演（客前で演じること）
介護問題のコウエン（　　）会	講演（公衆に講義する）
野球チームのコウエン（　　）会	後援（応援・援助する）

〈コウカイ〉

ラジオのコウカイ（　　）放送	公開（公衆に開放する）
準備不足をコウカイ（　　）する	後悔（後で悔やむこと）

〈コウカン〉

物々コウカン（　　）をする	交換（互いに取り換える）
各国公使のコウカン（　　）会	交歓（うちとけて楽しむ）

〈コウキ〉

コウキ（　　）心を持つ	好奇（珍しいことや未知のことに興味を持つこと）
コウキ（　　）がめぐってくる	好機（ちょうどよい折・機会・チャンス）
コウキ（　　）な人	高貴（身分が高く，とうとい様子）

〈コウギ〉

大学でコウギ（　　）を行う	講義（学問を解説する）
厳重にコウギ（　　）する	抗議（相手に反対する）
コウギ（　　）に解釈をする	広義（範囲を広めて解釈した場合の意味）

〈コウケン〉

地域にコウケン（　　）する	貢献（寄与すること）
治療のコウケン（　　）は顕著だ	効験（ききめ・効能）

〈コウコク〉

誇大コウコク（　　）	広告（宣伝のため広く世に知らせること）
法令をコウコク（　　）する	公告（官庁が一般の人に知らせること）

〈コウショウ〉

コウショウ（　　）が決裂する	交渉（掛け合うこと・談判）
コウショウ（　　）な趣味	高尚（程度が高く上品な様子）

〈コウセイ〉

福利コウセイ（　　）	厚生（生活を豊かにする）
立派にコウセイ（　　）する	更生（よい状態にもどる）
原稿をコウセイ（　　）する	校正（文字の誤りを正す）
敵がコウセイ（　　）に出てくる	攻勢（進んで攻撃しようとする勢い）
家族コウセイ（　　）	構成（各部分が集まって，全体を組立てること）
コウセイ（　　）な審判を求める	公正（公平で正当に扱う様子）

〈コウチョウ〉

コウチョウ（　　）が続く	好調（調子・具合がよい）
ほおをコウチョウ（　　）させる	紅潮（顔が赤らむこと）

〈コウテイ〉

200kmのコウテイ（　　）	行程（道のり）
生産のコウテイ（　　）	工程（作業の順序・はかどり方）

〈コウトウ〉

指示をコウトウ（　　）で伝える	口頭（口で述べること）
コウトウ（　　）と筆答	口答（口で答えること）

〈コウハイ〉

コウハイ（　　）の世話をする	後輩（後から入った人）
田畑がコウハイ（　　）する	荒廃（あれはてること）

〈サイケツ〉

議長がサイケツ（　　）する	採決（議案の賛否を決定すること）
サイケツ（　　）が下された	裁決（是非を決定すること）

〈サイゴ〉

サイゴ（　　）の切り札	最後（いちばん終わり）
はなばなしいサイゴ（　　）	最期（命がつきる時）

〈ジキ〉

ジキ（　　）社長	次期（次の期間〈時期〉）
運動会のジキ（　　）	時期（そのとき〈期間〉）
ジキ（　　）はずれの台風	時季（その季節）
ジキ（　　）をみはからう	時機（ちょうどよい時）

〈シコウ〉

シコウ（　　）錯誤の連続	試行（試しにやってみる）
政策がシコウ（　　）される	施行（実際に行うこと）
シコウ（　　）を深める	思考（考えをめぐらす）
安定シコウ（　　）	志向（目ざす方向）
シコウ（　　）性のアンテナ	指向（決まった方向に向かうこと）

〈シジ〉

シジ（　　）にわたって話す	私事（個人的なこと）
シジ（　　）語の内容	指示（さし示すこと）
政党をシジ（　　）する	支持（賛同し，応援する）
先生にシジ（　　）する	師事（師として仕える）

〈シショウ〉

事故でシショウ（　　）者が出る	死傷（死と負傷）
シショウ（　　）のない範囲	支障（さしつかえ）

〈ジタイ〉

会長就任をジタイ（　　）する	辞退（勧めを断ること）
不測のジタイ（　　）を招いた	事態（事の有様）

〈シモン〉

口頭シモン（　　）を行う	試問（試験のために質問すること）
シモン（　　）委員会	諮問（専門的見解を尋ね求めること）

〈シュウシュウ〉

古い本のシュウシュウ（　　）を楽しむ	収（蒐）集（物を集めること）
事態をシュウシュウ（　　）する	収拾（混乱をおさめる）

〈シュウセイ〉

シュウセイ（　　）の事業	終生（世）（一生の間）
植物のシュウセイ（　　）を研究する	習性（習慣と性質）
諸研究をシュウセイ（　　）した本	集成（集めてまとめる）

〈シュウチ〉

万人シュウチ（　　）の事実である	周知（広く知れ渡ること）
シュウチ（　　）を集める	衆知（多くの人々の知恵）

〈シュウヨウ〉

病院にシュウヨウ（　　）する	収容（人や物を施設や場所に入れること）
土地をシュウヨウ（　　）する	収用（取り上げて，公共の用に使うこと）

〈ショウカイ〉

友人をショウカイ(　　)する	紹介(人と人とを引き合わせること)
身元のショウカイ(　　)	照会(問い合わせて確かめること)

〈ショウガイ〉

ショウガイ(　　)事件を起こす	傷害(傷つけること)
ショウガイ(　　)の思い出	生涯(生きている間)
ショウガイ(　　)を克服する	障害(妨げとなるもの)

〈ショウソウ〉

ショウソウ(　　)感が隠せない	焦燥(あせっていらだつ)
ややショウソウ(　　)の感がある	尚早(はやすぎること)

〈ショクリョウ〉

ショクリョウ(　　)品店	食料(食べ物)
ショクリョウ(　　)危機	食糧(生きていくのに必要な食べ物)

〈ショヨウ〉

ショヨウ(　　)で外出する	所用(用事)
ショヨウ(　　)時間を計算する	所要(必要なこと)

〈シンキ〉

シンキ(　　)一転する	心機(心の動き)
シンキ(　　)冴えわたる	心気(気持ちのあり方)

〈シンギ〉

彼はシンギ(　　)に厚い	信義(約束と務めを守る)
中央教育シンギ(　　)会を開く	審議(検討して相談する)
事のシンギ(　　)を確かめる	真偽(本当かうそか)

〈シンコウ〉

輸出のシンコウ(　　)を図る	振興(物事を盛んにする)
シンコウ(　　)心のない人	信仰(信じてうやまう)
設立間もないシンコウ(　　)会社	新興(新しく興ること)
二人はシンコウ(　　)がある	親交(親しいつきあい)
病気がシンコウ(　　)する	進行(進みゆくこと)

〈シンチョウ〉

シンチョウ(　　)に検討する	慎重(慎み深く重々しい)
意味シンチョウ(　　)に語る	深長(深く複雑なこと)

〈シンニュウ〉

シンニュウ（　　）禁止の標識	進入（進んで行って，その場所へ入ること）
国境を越えてシンニュウ（　　）する	侵入（他の領域に不法に入ること）
海水のシンニュウ（　　）を防ぐ	浸入（水が入ること）

〈シンボウ〉

シンボウ（　　）が大切	辛抱（我慢すること）
友人のシンボウ（　　）が厚い	信望（信用と人望）

〈スイコウ〉

小論文のスイコウ（　　）を重ねる	推敲（文章を練り直す）
任務をスイコウ（　　）する	遂行（なしとげること）

〈セイサイ〉

一段とセイサイ（　　）を放つ衣装	精（生）彩（生き生きした様）
経済セイサイ（　　）を加える	制裁（懲らしめの刑罰）
セイサイ（　　）な点まで描く	精細（念入りで細かい）

〈セイサク〉

選挙でセイサク（　　）を演説する	政策（政治上の方針）
セイサク（　　）所で働く	製作（物品をつくること）
映画をセイサク（　　）する	制作（芸術作品などをつくる）

〈セイサン〉

運賃をセイサン（　　）する	精算（詳しく計算する）
過去をセイサン（　　）する	清算（後始末をつける）
試合に勝つセイサン（　　）がある	成算（成功する見込み）

〈セイソウ〉

セイソウ（　　）で儀式に参加する	正装（正式の服装）
セイソウ（　　）した女性	盛装（着飾ること）
廊下のセイソウ（　　）をする	清掃（きれいに掃除する）

〈セイチョウ〉

立派にセイチョウ（　　）する	成長（人や動物などが育つ）
麦がセイチョウ（　　）する	生長（草木などが育つ）

〈セイヤク〉

セイヤク（　　）会社に勤務する	製薬（薬をつくる）
セイヤク（　　）書を書く	誓約（かたく約束する）
セイヤク（　　）が多すぎる	制約（自由を制限する）

〈ゼッタイ〉

ゼッタイ（　　）に正しい　絶対（比較，対立を超えていること）
ゼッタイ（　　）絶命の危機　絶体（身の終わり）

〈ソウイ〉

ソウイ（　　）工夫に富む　創意（新しく考え出す心）
事実にソウイ（　　）がない　相違（同じでないこと）
出席者のソウイ（　　）で決める　総意（全てのものの意向）

〈ソウギョウ〉

ソウギョウ（　　）時間を短縮する　操業（仕事をすること）
ソウギョウ（　　）以来八十年の老舗　創業（事業を始めること）

〈ソウゾウ〉

天地ソウゾウ（　　）の物語　創造（初めてつくり出す）
未来の自分をソウゾウ（　　）する　想像（思い浮かべること）

〈ソガイ〉

成長をソガイ（　　）する　阻害（物事の運行を邪魔すること）
ソガイ（　　）感を味わう　疎外（よそよそしくして，近づけないこと）

〈ソクセイ〉

ソクセイ（　　）栽培を行う　促成（早く成長させる）
技術者のソクセイ（　　）が急務　速成（急いで仕上げる）

〈タイショウ〉

大学生をタイショウ（　　）とした本　対象（目標・相手）
比較タイショウ（　　）して吟味する　対照（照らし合わせること）
左右タイショウ（　　）の図形　対称（つりあうこと）

〈タイセイ〉

資本主義タイセイ（　　）　体制（社会の仕組み）
着地のタイセイ（　　）　体勢（身構え・姿勢）
タイセイ（　　）を立て直す　態勢（物事に対する身構えや状態）
選挙のタイセイ（　　）がわかる　大勢（大局的に見た形勢，動向）

〈チュウショウ〉

他人をチュウショウ（　　）しない　中傷（名誉を傷つける）
チュウショウ（　　）的な表現は避ける　抽象（具体的でない概念）

〈チョウコウ〉

景気回復のチョウコウ（　　）　兆候（起こる前ぶれ）
大学のチョウコウ（　　）生　聴講（講義をきくこと）

〈チョウシュウ〉

年会費をチョウシュウ(　　)する　徴収(税金・会費を取る)
満場のチョウシュウ(　　)を魅了する　聴衆(きいている人々)

〈ツイキュウ〉

責任をツイキュウ(　　)する　追及(追いつめること)
利潤をツイキュウ(　　)する　追求(追い求めること)
学問をツイキュウ(　　)する　追究(つきつめること)

〈テキセイ〉

テキセイ(　　)な評価をする　適正(適当で正しい)
テキセイ(　　)検査　適性(性質が適していること)

〈テンカ〉

食品テンカ(　　)物を調べる　添加(つけ加えること)
責任を相手にテンカ(　　)する　転嫁(なすりつけること)
愛情が憎しみにテンカ(　　)する　転化(他の状態に変化すること)

〈トウキ〉

トウキ(　　)を販売する　陶器(焼き物)
物価がトウキ(　　)する　騰貴(物価が急に上がる)

〈トクチョウ〉

個々のトクチョウ(　　)を生かす　特長(特に優れたところ)
トクチョウ(　　)のある文字　特徴(他のものと違っている点)

〈ノウコウ〉

ノウコウ(　　)なスープ　濃厚(色・味が濃いこと)
ノウコウ(　　)に適する土地　農耕(田畑を耕すこと)

〈ハンエイ〉

時代をハンエイ(　　)した政治　反映(影響が現れること)
国家のハンエイ(　　)を考える　繁栄(さかえること)

〈ヒッシ〉

敗北はヒッシ(　　)の情勢となる　必至(必ずそうなること)
ヒッシ(　　)に抵抗する　必死(全力を尽くすさま)

〈ヒナン〉

国民からヒナン(　　)を浴びる　非(批)難(責めとがめること)
ヒナン(　　)民を救済する　避難(災難をさけること)

〈フキュウ〉

フキュウ（　　）の名作	不朽（いつまでも残る）
広くフキュウ（　　）する	普及（広く行き渡ること）
不眠フキュウ（　　）	不休（休まないで働くこと）

〈フゴウ〉

目撃者の証言とフゴウ（　　）する	符合（二つ以上のものがぴたりと合うこと）
「？」のフゴウ（　　）をつける	符号（文字・数字以外の記号）

〈フジュン〉

天候フジュン（　　）	不順（順序が正しくないこと）
フジュン（　　）物を取り除く	不純（純粋でないこと）

〈フショウ〉

年齢フショウ（　　）の人物	不詳（よく分からない）
フショウ（　　）事を隠しとおす	不祥（好ましくない事柄）

〈フシン〉

挙動フシン（　　）な行動	不審（疑わしいこと）
家をフシン（　　）する	普請（建築・土木）
食欲フシン（　　）になる	不振（勢いが振るわない）
政治フシン（　　）	不信（信用できないと感じること）

〈フヘン〉

フヘン（　　）の真理	普遍（広く行き渡ること）
フヘン（　　）不党の精神を貫く	不偏（かたよりがない）
フヘン（　　）の友情を誓う	不変（いつまでも変わらないこと）

〈ヘイコウ〉

ヘイコウ（　　）感覚を失う	平衡（つり合い）
余りの暑さにヘイコウ（　　）する	閉口（ひどく困らされる）
ヘイコウ（　　）線	平行（交わらない線や面）
講義と実験をヘイコウ（　　）させる	並（併）行（並んで行われること）

〈ボウチョウ〉

財政がボウチョウ（　　）する	膨張（脹）（ふくれあがること）
裁判をボウチョウ（　　）する	傍聴（そばで聴くこと）

〈ボウトウ〉

作品のボウトウ（　　）を暗唱する	冒頭（初めの部分）
物価がボウトウ（　　）する	暴騰（物価の急上昇）

〈ホウフ〉

ホウフ（　　）な地下資源	豊富（ゆたかなこと）
来年へのホウフ（　　）を語る	抱負（決意・計画）

〈ホショウ〉

損害をホショウ（　　）する	補償（補い償うこと）
五年間のホショウ（　　）が付く	保証（うけあうこと）
日米安全ホショウ（　　）条約	保障（障害なく保つこと）

〈ミンゾク〉

遠野地方のミンゾク（　　）	民俗（民間の風俗や習慣）
ミンゾク（　　）衣装を着る	民族（同一の文化を共有する人間の集団）

〈ムジョウ〉

諸行ムジョウ（　　）	無常（万物は定めのないこと）
ムジョウ（　　）な仕打ちを受ける	無情（思いやりのないこと）
ムジョウ（　　）の喜び	無上（この上もないこと）

〈ヤセイ〉

ヤセイ（　　）動物を見る	野生（自然の中で育つこと）
ヤセイ（　　）的な魅力	野性（自然・本能のままの性質）

〈ユウシュウ〉

ユウシュウ（　　）の美を飾る	有終（終わりを全うする）
ユウシュウ（　　）の思い	憂愁（うれい・かなしみ）
ユウシュウ（　　）な人材を集める	優秀（優れ秀でること）

〈ヨウケン〉

ヨウケン（　　）を伺う	用件（用事の種類・内容）
ヨウケン（　　）を満たす	要件（大切な事柄・必要な条件）

〈ヨウセイ〉

社長就任をヨウセイ（　　）する	要請（強く願い求めること）
後継者をヨウセイ（　　）する	養成（教育して一人前に育てること）

〈ルイケイ〉

支出のルイケイ（　　）額を出す	累計（小計を加えた合計）
ルイケイ（　　）的な人物	類型（平凡なこと）

〈レンケイ〉

良好的なレンケイ（　　）を結ぶ	連携（連絡をとり合う）
巧みなレンケイ（　　）プレー	連係（つながりあうこと）

3 反対語

一般（イッパン） ↔ 特殊（トクシュ）
婉曲（エンキョク） ↔ 露骨（ロコツ）
義務（ギム） ↔ 権利（ケンリ）
緊張（キンチョウ） ↔ 弛緩（シカン）
具体（グタイ） ↔ 抽象（チュウショウ）
軽蔑（ケイベツ） ↔ 尊敬（ソンケイ）
倹約（ケンヤク） ↔ 浪費（ロウヒ）
原則（ゲンソク） ↔ 例外（レイガイ）
故意（コイ） ↔ 過失（カシツ）
攻撃（コウゲキ） ↔ 防御（ボウギョ）
肯定（コウテイ） ↔ 否定（ヒテイ）
賛成（サンセイ） ↔ 反対（ハンタイ）
自然（シゼン） ↔ 人工（ジンコウ）
質疑（シツギ） ↔ 応答（オウトウ）
実践（ジッセン） ↔ 理論（リロン）
収入（シュウニュウ） ↔ 支出（シシュツ）
自由（ジユウ） ↔ 束縛（ソクバク）
主観（シュカン） ↔ 客観（キャッカン）
需要（ジュヨウ） ↔ 供給（キョウキュウ）
進化（シンカ） ↔ 退化（タイカ）
杜撰（ズサン） ↔ 緻密（チミツ）
生産（セイサン） ↔ 消費（ショウヒ）
絶対（ゼッタイ） ↔ 相対（ソウタイ）
直喩（チョクユ） ↔ 隠喩（インユ）
直列（チョクレツ） ↔ 並列（ヘイレツ）
破壊（ハカイ） ↔ 建設（ケンセツ）
必然（ヒツゼン） ↔ 偶然（グウゼン）
分析（ブンセキ） ↔ 総合（ソウゴウ）

4 四字熟語

曖昧模糊	アイマイモコ	あやふやで，はっきりしないこと
悪戦苦闘	アクセンクトウ	死にものぐるいで戦うこと
暗中摸（模）索	アンチュウモサク	方法や手掛りがつかめず，探し求める
唯唯諾諾	イイダクダク	事の善し悪しにかかわらず，他人に追従すること
意気軒昂	イキケンコウ	意気込みのすばらしく盛んなこと
意気消沈	イキショウチン	元気がなくなり，沈んでしまうこと
意気揚揚	イキヨウヨウ	得意気なさま。いばるさま
異口同音	イクドウオン	人々の意見が一致すること
以心伝心	イシンデンシン	黙っていても意志の通じ合うこと
一言居士	イチゲンコジ	何事にもひとこと意見を言わないと気のすまない人
一期一会	イチゴイチエ	一生に一度の出会いと思って大切に振舞えという茶道の心得
一日千秋	イチジツセンシュウ	一日が千年に思われるほど，待ち焦がれる気持ち
一網打尽	イチモウダジン	ひと網で魚を取り尽くす意から，罪人などをごっそり捕らえること

一目瞭然	イチモクリョウゼン	ひと目ではっきりとわかるさま
一蓮托生	イチレンタクショウ	結果や物事の善悪に関係なく，行動・運命を共にすること
一攫千金	イッカクセンキン	大金をひとつかみにするように，一度にたくさんの利益を得ること
一喜一憂	イッキイチユウ	ことごとに喜んだり，悲しんだりすること
一気呵成	イッキカセイ	一息で物事を済ましてしまうこと
一騎当千	イッキトウセン	一騎で千人を相手に出来るほど強いこと
一挙両得	イッキョリョウトク	一つの事を行って同時に二つの利益を得ること
一生懸命	イッショウケンメイ	物事を命がけで真剣にすること（「一所懸命」が本来の表記）
一触即発	イッショクソクハツ	少し触れてもすぐ爆発しそうな危機に直面していること
一進一退	イッシンイッタイ	進んだり，退いたりしてはかどらないこと
一心同体	イッシンドウタイ	二人以上の人が心を一つにして結びつくこと
一心不乱	イッシンフラン	心を一つのことに集中して，他にそらさないこと
一石二鳥	イッセキニチョウ	一つの行為から，同時に二つの利益・効果を得ること
一朝一夕	イッチョウイッセキ	わずかな時間
一長一短	イッチョウイッタン	長所も短所も両方あること
一刀両断	イットウリョウダン	ひと太刀で物を真っ二つに切るように，きっぱり物事の処置をつけること
意味深長	イミシンチョウ	言葉の底に深い意味が含まれていること
因果応報	インガオウホウ	行為の善悪に応じた報いがあるということ
隠忍自重	インニンジチョウ	じっと我慢して，軽々しく行動しないこと
有為転変	ウイテンペン	物事が移り変わるさま。はかないこと
右往左往	ウオウサオウ	うろたえ，混乱するさま
海千山千	ウミセンヤマセン	世の中の経験を積んで，悪賢くなったこと
紆余曲折	ウヨキョクセツ	面倒な事情があって，複雑な経過をたどること
雲散霧消	ウンサンムショウ	あとかたもなく消えること
栄枯盛衰	エイコセイスイ	人の運命の栄えることと衰えること
会者定離	エシャジョウリ	会う者は必ず別れる運命にあること。世の無常
厭離穢土	エ（オ）ンリエド	この世の中を汚いものとして嫌い捨てること
岡（傍）目八目	オカメハチモク	第三者の方が物事が明らかに判ること

温厚篤実	オンコウトクジツ	おだやかで情が厚いこと
外柔内剛	ガイジュウナイゴウ	外見は柔和だが，内面は強いこと
快刀乱麻	カイトウランマ	もつれた麻をよく切れる刀で断ち切る意から，複雑にこじれた物事を，見事に処理すること
偕老同穴	カイロウドウケツ	夫婦が仲良くともに老い，死んでからも同じ墓に葬られること
花鳥風月	カチョウフウゲツ	美しい自然の風物，また風流であること
我田引水	ガデンインスイ	自分の都合のいいようにはからうこと
夏炉冬扇	カロトウセン	夏の火鉢と冬の扇から無用の物のたとえ
感慨無量	カンガイムリョウ	しみじみした思いが計り知れないほど深いこと
冠婚葬祭	カンコンソウサイ	元服（成人式）と婚礼と葬儀と祖先の祭・法事
勧善懲悪	カンゼンチョウアク	善を勧めて悪を戒め懲らすこと
完全無欠	カンゼンムケツ	完全で少しも欠けたところのないこと
艱難辛苦	カンナンシンク	困難な事にあって苦しみ悩むこと
閑話休題	カンワキュウダイ	むだ話はやめて話を本筋にもどすこと
機会均等	キカイキントウ	すべての人に同じ権利や待遇を与えること
危機一髪	キキイッパツ	今にも危険な状態に陥ろうとする瞬間
危急存亡	キキュウソンボウ	生き残るか滅びるかの危ない瀬戸際
起死回生	キシカイセイ	死にかかったものを生き返らせる意から，絶望状態にあることを再び盛り返らせること
起承転結	キショウテンケツ	「起」で起こし，「承」でこれを受け，「転」で視点を転じ，「結」で全体を結ぶこと。（漢詩の構成法の一つだが，広く一般のことにも用いる）
喜色満面	キショクマンメン	顔いっぱいに喜びを表すこと
疑心暗鬼	ギシンアンキ	疑う心をもつと，つまらぬことでも不安で恐ろしくなること
奇想天外	キソウテンガイ	全く思いもつかぬような珍しいこと
喜怒哀楽	キドアイラク	喜び・怒り・哀しみ・楽しみ。人間の様々な感情
旧態依然	キュウタイイゼン	全く昔のままで，進歩のない状態
興味津津	キョウミシンシン	興味がたえず湧いてくるさま
玉石混淆（交）	ギョクセキコンコウ	よいものとつまらぬものが入りまじること
虚心坦懐	キョシンタンカイ	心に邪念を持たず，素直な態度でいること
金科玉条	キンカギョクジョウ	大切なきまり

空前絶後	クウゼンゼツゴ	以前にもなく，今後もないと思われる珍事
君子豹変	クンシヒョウヘン	本来は「人格者は過ちをすぐに改める」という良い意味で使われていたが，現在は「変わり身が早いこと」という悪い意味で使われる
群雄割拠	グンユウカッキョ	多くの英雄がほうぼうで勢力を争うこと
軽挙妄動	ケイキョモウドウ	事の善悪道理などを考えずにみだりに行動すること
軽佻浮薄	ケイチョウフハク	軽はずみでうわついていること
捲土重来	ケンドチョウライ（ケンドジュウライ）	一度失敗した者が非常な勢いで盛り返すこと
権謀術数	ケンボウジュッスウ	たくみに人を欺くようなはかりごと
行雲流水	コウウンリュウスイ	空行く雲と流れる水のように，自然のままに任せて行動すること
厚顔無恥	コウガンムチ	恥知らずであつかましいこと
綱紀粛正	コウキシュクセイ	不正を正し，規律の乱れたものを正すこと
荒唐無稽	コウトウムケイ	言説がとりとめなく，考えの根拠がないこと
公平無私	コウヘイムシ	公平で全く私心のないこと
公明正大	コウメイセイダイ	心が公平明白で少しも私心のないこと
虎視眈眈	コシタンタン	虎が獲物をねらうように，じっくり機会をねらっていること
故事来歴	コジライレキ	事物の由来
孤立無援	コリツムエン	一人ぼっちで助けがないこと
言語道断	ゴンゴドウダン	言葉では説明できないこと・もっての外
才気煥発	サイキカンパツ	頭の働きが優れている。才気が光り輝き，目立つこと
才色兼備	サイショクケンビ	才知と容貌とがそろって優れていること
山紫水明	サンシスイメイ	山や水の景色の美しいこと
三拝九拝	サンパイキュウハイ	幾度も丁重におじぎをすること
自画自讃（賛）	ジガジサン	自分のことを自分でほめること
自家撞着	ジカドウチャク	同一人の言行が矛盾していること
時期尚早	ジキショウソウ	時期がまだ早いこと
試行錯誤	シコウサクゴ	ある目的を達成しようと，試みと失敗とを繰り返しながら追求すること
自業自得	ジゴウジトク	自分の作った業の報いは自分が受けること

自縄自縛	ジジョウジバク	自分の縄で自分を縛る意から，自分の心がけや言動によって思うようにならなくなること
自然淘汰	シゼントウタ	適者が生存し，不適当なものが死滅する現象
時代錯誤	ジダイサクゴ	現代の傾向にあわない考え方や方法をとること
七転八倒	シチテンバットウ	幾度も転んだり倒れたりして，もがき苦しむこと
質実剛健	シツジツゴウケン	飾り気がなくまじめで，強くたくましいこと
自暴自棄	ジボウジキ	やけになること
杓子定規	シャクシジョウギ	形式にとらわれて融通のきかないこと
縦横無尽	ジュウオウムジン	活動が自由自在であり，妨げるものがないこと
周章狼狽	シュウショウロウバイ	慌てさわぎうろたえること
秋霜烈日	シュウソウレツジツ	秋の霜と真夏の激しい太陽の意で，刑罰や権力などのきわめて厳しいこと
十人十色	ジュウニントイロ	趣味，思想などが人によって様々なこと
主客転倒	シュカクテントウ	人や物の立場・順序が逆になること。物事の軽重が逆になること
首尾一貫	シュビイッカン	初めから終わりまで同じやり方・考え方を貫き通すこと
純真無垢	ジュンシンムク	少しもけがれのないこと・邪心がないこと
順風満帆	ジュンプウマンパン	物事が順調に進むこと
盛者必衰	ジョウシャヒッスイ	世の中は無常であり，勢いの盛んな者も必ず衰え滅びるということ
枝葉末節	シヨウマッセツ	主要でない部分。つまらない部分
諸行無常	ショギョウムジョウ	あらゆるものは常に流転し，永久不変のものは一つもないこと
支離滅裂	シリメツレツ	ばらばらで筋道がたたないこと
心機一転	シンキイッテン	ある動機から，がらりと心持ちの変わること
神出鬼没	シンシュツキボツ	鬼神のようにたちまち現れたり，隠れたりし，所在の知れないこと
信賞必罰	シンショウヒツバツ	功績のある者には必ず賞を与え，罪ある者は必ず罰すること
針小棒大	シンショウボウダイ	小さいことを大げさに言うこと
深謀遠慮	シンボウエンリョ	深く先々のことまで考えること
森羅万象	シンラバンショウ	宇宙間のあらゆる物事

晴耕雨読	セイコウウドク	晴天には外に出て耕作し，雨天には書を読む，気ままな生活
生生流転	セイセイルテン（ショウジョウルテン）	物が絶えず生じ，変化してとどまらないこと
青天白日	セイテンハクジツ	よく晴れた空の輝く太陽の意で，心にやましいところがないこと。罪の疑いが晴れること
清廉潔白	セイレンケッパク	心が清くて，後ろ暗いところがないこと
責任転嫁	セキニンテンカ	責任を他人に負わせること
是是非非	ゼゼヒヒ	公正な立場に立って，よいことはよい，悪いことは悪いとすること
切歯扼腕	セッシヤクワン	歯ぎしりをし，腕をにぎりしめてひどくくやしがること
絶体絶命	ゼッタイゼツメイ	のがれようのない危険な状態
千客万来	センキャクバンライ	多くの客が次から次へとやって来ること
千載一遇	センザイイチグウ	千年に一度しか会えないほどまれなこと。好機会
千差万別	センサバンベツ	種々様々
前代未聞	ゼンダイミモン	今までに一度も聞いたことがないような，たいへん珍しいこと
千編一律	センペンイチリツ	どれもが同じ調子で，おもしろみがないこと
千変万化	センペンバンカ	様々に変化すること
率先垂範	ソッセンスイハン	誰よりも先んじて手本を示すこと
大義名分	タイギメイブン	人として守るべき節義と名分
大言壮語	タイゲンソウゴ	豪語すること
大山鳴動	タイザンメイドウ	前ぶれの騒ぎが大きいこと
泰然自若	タイゼンジジャク	落ち着いていて，物事に少しも動じない様子
大胆不敵	ダイタンフテキ	度胸があり，ものおじしないこと
大同小異	ダイドウショウイ	少しの違いはあっても，大体同じこと
単刀直入	タントウチョクニュウ	前置きなしにいきなり本論に入ること
直情径行	チョクジョウケイコウ	周囲のことはおかまいなしに，思ったまま感じたままに行動すること
猪突猛進	チョトツモウシン	いのししのように，向こう見ずに，一直線に突進すること

適材適所	テキザイテキショ	ある仕事や地位に，それに適した才能をもつ人物を配すること
徹頭徹尾	テットウテツビ	始めから終わりまで。終始
天衣無縫	テンイムホウ	詩歌などで技巧のあとがなく，しかも美しいこと
電光石火	デンコウセッカ	非常に短い時間。行動が非常に素早いさま
天真爛漫	テンシンランマン	心のままで飾らぬさま。無邪気なさま
当意即妙	トウイソクミョウ	その場に応じて即座に機転をきかすこと
同工異曲	ドウコウイキョク	技巧や手際は同じでも，できた作品の趣は異なること。見かけは異なっているようでも中身は同じであること
東奔西走	トウホンセイソウ	あちこち忙しくかけまわること
内柔外剛	ナイジュウガイゴウ	内心は弱いのに外面だけ強く見せかけること
内憂外患	ナイユウガイカン	国内で起こる心配事と，外国から攻められる心配事。また，個人における内外の心配事
難攻不落	ナンコウフラク	攻めがたくて容易に陥落しないこと
南船北馬	ナンセンホクバ	絶えずあちこちを旅すること
日進月歩	ニッシンゲッポ	絶えずどんどん進歩すること
馬耳東風	バジトウフウ	人の意見などを心に留めずに聞き流すこと
波瀾万丈	ハランバンジョウ	人生や物事の変化が激しく，起伏に富むこと
美辞麗句	ビジレイク	美しい言葉や文句，特にうわべだけを飾り立てて，内容に乏しい文句
品行方正	ヒンコウホウセイ	行いが正しくまじめであること
風光明媚	フウコウメイビ	風景が清らかで美しいこと
不即不離	フソクフリ	つかずはなれずいること，二つのもののつきもせず離れもしない状態
付（附）和雷同	フワライドウ	信念もなく他の説にすぐ賛同すること
粉骨砕身	フンコツサイシン	力の限り努力すること
片言隻語	ヘンゲンセキゴ	ほんのちょっとの短い言葉
傍若無人	ボウジャクブジン	人前をはばからず，勝手気ままにふるまうこと
茫然自失	ボウゼンジシツ	あまりの驚きのため，思考力を失ってぼんやりしてしまうこと
本末転（顚）倒	ホンマツテントウ	物事の重要なこととそうでないことが反対になること

無我夢中	ムガムチュウ	心を奪われ，我を忘れてひたすら熱中すること
無味乾燥	ムミカンソウ	味わいやうるおいが少しもない様子。全くおもしろみのないこと
明鏡止水	メイキョウシスイ	心が静かで一点の曇りもないことのたとえ
面従腹背	メンジュウフクハイ	上辺では服従し，内心では反発すること
唯我独尊	ユイガドクソン	この世界に自分よりも尊い者はいないと自負すること。転じて，自分だけが優れているとうぬぼれること
優柔不断	ユウジュウフダン	ぐずぐずしていて，物事の決断が遅いこと
有名無実	ユウメイムジツ	名ばかりで実質が伴わないこと
悠悠自適	ユウユウジテキ	俗事に煩わされず，心静かにのんびりと過ごすこと
粒粒辛苦	リュウリュウシンク	穀物の一粒一粒に農民の苦労がこもる意から，こつこつと苦労や努力を積み重ねること
臨機応変	リンキオウヘン	機に臨み変に応じて適当な対処をすること

◆間違いやすい四字熟語◆

下線部について，正しい漢字に直せ。

①異**句**同音	②意**思**薄弱	③**意**心伝心	④一**連**托生
⑤温**古**知新	⑥**怪**刀乱麻	⑦画竜点**晴**	⑧危機一**発**
⑨興味**深々**	⑩決**戦**投票	⑪厚顔無**知**	⑫五里**夢**中
⑬**思考**錯誤	⑭諸行無**情**	⑮心**気**一転	⑯責任転**化**
⑰**短**刀直入	⑱独断**先**行	⑲無我**無**中	⑳羊頭**苦**肉

正答

①異口同音	②意志薄弱	③以心伝心	④一蓮托生
⑤温故知新	⑥快刀乱麻	⑦画竜点睛	⑧危機一髪
⑨興味津々	⑩決選投票	⑪厚顔無恥	⑫五里霧中
⑬試行錯誤	⑭諸行無常	⑮心機一転	⑯責任転嫁
⑰単刀直入	⑱独断専行	⑲無我夢中	⑳羊頭狗肉

確認問題

1　次のうち漢字の読みが正しいものを選べ。

① 貸し借りを相殺（ソウサツ）する。
② 計画を完遂（カンツイ）する。
③ 書類に証明書を添付（テンプ）する。
④ 金銭出納（シュツノウ）簿をつける。
⑤ 辞典の凡例（ボンレイ）を見る。

2　次の文のカタカナを漢字に直せ。

① 昔のキオクがよみがえる。
② 病院でゲネツ剤をもらう。
③ 間違いをシテキする。
④ カクウの話を作る。
⑤ 今日はキゲンがいい。

3　次のうち下線部の漢字が正しいものを選べ。

① 高層ビルが建ち，電波が防害されている。
② 新しい貨弊が社会に流通する。
③ 雪のため，除行運転をする。
④ 穀物の収獲作業に追われる。
⑤ 分からないことを徹底的に調べる。

4　次の文のカタカナを漢字に直せ。

① 注文の品をオサめる。
② 距離をハカる。
③ 電車に乗りカえる。
④ 本物か見キワめる。
⑤ 映画をトる。

5 次のうち下線部の漢字が正しいものを選べ。

① 勝利を確信する。

② 品質を保障する。

③ 真理を追及する。

④ 過去を精算する。

⑤ 名画を観賞する。

6 次の四字熟語のうち漢字・読み・意味がすべて正しいものを選べ。

① 絶対絶命（ゼッタイゼツメイ）のがれようのない危険な状態

② 付和雷同（フワライドウ）信念もなく他の説にすぐ賛同すること

③ 傍若無人（ボウニャクムジン）人前をはばからず，勝手気ままにふるまうこと

④ 意味慎重（イミシンチョウ）言葉の底に深い意味が含まれていること

⑤ 天衣無縫（テンイムホウ）物事の本質から離れたささいな部分のこと

2 ことば

●ポイント

ことわざ・慣用句・故事成語は，例年出題頻度が高い分野である。出題はあくまで基礎的な範囲であるので，主要なものを確認しておこう。特に，意味を誤解しやすいものには，注意が必要である。類似表現にも注意したい。また，近年，文法や敬語の分野の出題が増えている。品詞分類や接続詞の選択文の誤り訂正など，出題形式は多岐にわたる。ポイントを整理しておこう。

ことわざ⇨古くから人々に言い習わされてきた言葉で，生活の知恵ともいえる教えや，戒めを含んだものが多い。

慣用句　⇨2つ以上の言葉が結びついて1つのまとまった意味を表す句。

故事成語⇨主として中国の古い書物に出ている出来事がもとになってできた意味のある教訓的な言葉。

1 ことわざ・慣用句・故事成語

(1) ことわざ

〈あ行〉

・あとは野となれ山となれ

自分が去ったら，あとはどうなってもかまわない。

(類)旅の恥はかき捨て　(対)立つ鳥跡を濁さず

・虻蜂《あぶはち》捕《と》らず

二つを同時に得ようとして，両方とも取り逃がす。

(類)二兎《にと》を追う者は一兎《いっと》をも得ず　(対)一挙両得　一石二鳥

・雨垂《だ》れ石を穿《うが》つ

わずかな力でも根気よく努力すれば，最後には成功する。

(同)点滴《てんてき》石を穿つ

・生き馬の目を抜く

人のすきにつけこんで，すばやく利益を得る。すばしこくて油断もすきもない。

・石の上にも三年

つらくても辛抱して続ければ，必ず報われる。

・石橋を叩いて渡る

念には念を入れて確かめる。

・**医者の不養生**

他人には立派なことを言いながら，自分は実行しない。

(類)紺《こう》屋《や》の白袴《しろばかま》　坊主の不《ふ》信心《しんじん》

・**急がば回れ**

危険な近道より，遠回りでも安全な道を取った方が結局は早い。

(類)急《せ》いては事を仕損じる

・**一寸の虫にも五《ご》分《ぶ》の魂**

どんなに小さく弱いものにも，それ相応の意地がある。

・**命あっての物種《ものだね》**

生きていればこそ，何事もできる。

(類)死んで花実が咲くものか

・**井の中の蛙《かわず》（大海《たいかい》を知らず）**

自分の狭い考えにとらわれて広い世界のあることを知らない。

・**魚心《うおごころ》あれば水心《みずごころ》**

相手にその気持ちがあれば，こちらにも応ずる気持ちが起こる。

(同)水心あれば魚心

・**嘘も方便《ほうべん》**

物事をうまくおさめるには，嘘も必要なことがある。

(対)嘘つきは泥棒の始まり

・**馬の耳に念仏**

いくら言って聞かせても効きめがないこと。

(同)馬の耳に風　馬耳東風　(類)犬に論語

・**帯に短したすきに長し**

中途半端で役に立たない。

〈か行〉

・**蛙の子は蛙**

子は親に似る。凡人の子は凡人である。

(類)瓜《うり》の蔓《つる》に茄子《なすび》はならぬ　(対)鳶《とんび》が鷹《たか》を生む

・**蛙の面《つら》に水**

どんな扱いを受けても平気でいること。非常にずうずうしい様子。

・**枯れ木も山のにぎわい**

つまらないものでも，ないよりはましである。

・可愛い子には旅をさせよ

子どもがかわいいなら，苦労させたほうがよい。

・九死に一生を得る

ほとんど死ぬかと思われるほどの危険な状態からかろうじて助かること。

・口は禍《わざわい》の門《かど》

言葉は慎まねばならない。

(同)口は禍の元　(類)雉《きじ》も鳴かずば打(撃)たれまい

・光陰矢の如《ごと》し

月日が過ぎるのは非常に早いので，時間を大切にするべきだ。

(類)歳月人を待たず

・弘法《こうぼう》にも筆の誤り

どんなに優れた人でも時には間違いをおかすことがある。

(類)河童《かっぱ》の川流れ　猿も木から落ちる　上手の手から水が漏る

・弘法筆を選ばず

すぐれた技術をもつ人は，用具のよし悪しを問題としない。

・転ばぬ先の杖《つえ》

用心は失敗や災難が起こらないうちにしておくものである。

〈さ行〉

・三人寄れば文殊《もんじゅ》の知恵

特別優れた人でなくとも，三人も集まって知恵を出しあえば，よい考えが出るものだ。

・釈迦《しゃか》に説法《せっぽう》

そのことをよく知っている人に教えることは愚かだ。

(類)猿に木登り　河童に水練《すいれん》

・蛇《じゃ》の道は蛇《へび》

同じ仲間のすることは，その道の者にはすぐわかる。

・朱《しゅ》に交われば赤くなる

人は，つきあう仲間しだいで良くも悪くもなる。

・好きこそ物の上手なれ

自分の好きなことは，何事も熱心にやるので，早く上達するということ。

(対)下手の横好き

・**雀《すずめ》百まで踊り忘れず**

小さいときに覚えた習慣は年を取っても忘れない。

(類)三つ子の魂百まで

・**寸鉄《すんてつ》人を刺す**

短いが，真理をうまく言いあてた言葉で，相手の急所をつく。

・**背に腹はかえられぬ**

当面の重大なことのためには他をかえりみるゆとりのないこと。

・**船頭《せんどう》多くして船山に上る**

指図をする者が多いと統率がとれず，見当違いの方向に物事が進む。

・**袖《そで》振り合うも他生《たしょう》の縁**

ちょっとしたこともみな深い縁にもとづくものである。

〈た行〉

・**対岸《たいがん》の火事**

直接自分にとって利害関係がない。

・**大山鳴動《たいざんめいどう》して鼠《ねずみ》一匹**

前触れの騒ぎが大きいわりに，結果が小さいこと。

・**大は小を兼ねる**

大きいものは小さなものの代わりに役立てることができる。

・**立て板に水**

すらすらとよどみなく話す。

・**蓼《たで》食う虫も好き好《ず》き**

人の好みはそれぞれ異なる。

・**棚からぼたもち**

思いがけない幸運が向こうからやってくること。

(対)まかぬ種ははえぬ

・**提灯《ちょうちん》に釣《つ》り鐘《がね》**

大きな差のあるもの。つり合わないもの。

(類)月とすっぽん　雲泥の差

・**月にむら雲花に風**

よいことには邪魔が入って長くは続かない。

(同)花に嵐　(類)好事《こうじ》魔多し

・**月夜に提灯**

不必要で無駄なこと。

・角《つの》を矯《た》めて牛を殺す

欠点を直そうとして全体をだめにしてしまうこと。

・鉄は熱いうちに打て

どんなことも時機をのがしてはいけない。

(類)好機《こうき》逸すべからず

・出る杭《くい》は打たれる

すぐれていたり，出しゃばりすぎたりすると人から憎まれる。

・灯台下《とうだいもと》暗し

身近なことは，かえってわからないものである。

・豆腐にかすがい

手ごたえや効きめがないこと。

(類)のれんに腕押し　糠《ぬか》に釘《くぎ》

・十日《とおか》の菊六日《むいか》の菖蒲《あやめ》

時機に遅れて，役に立たないこと。

(類)夏炉冬扇《かろとうせん》　後の祭り

・泥棒を見て縄をなう

平生，用意を怠っていて，急場に臨んであわてて対策をねること。

〈な行〉

・泣き面に蜂《はち》

悪いことの上にさらに悪いことが起こる。

(類)弱り目にたたり目　踏んだり蹴《け》ったり

・情けは人のためならず

人に情けをかけておけば，それが巡り巡って自分によい報いがある。

・二階から目薬

遠回りで効果がないこと。

・濡れ手で粟《あわ》

少ない労力で大きな利益を得る。

・猫に小判

価値がわからない人に貴重なものを与えても無駄である。

(類)豚に真珠

・寝耳《ねみみ》に水

不意の出来事にびっくりする。

(類)藪《やぶ》から棒　青天の霹靂《へきれき》

〈は行〉

・引かれ者の小唄《こうた》

負け惜しみで平気なふりをする。

・火のない所に煙は立たぬ

噂が出るからには，なんらかの根拠があるはずだ。

(類)蒔かぬ種は生えぬ

・百聞《ひゃくぶん》は一見《いっけん》にしかず

人の話を何度も聞くより一度実際に自分の目で見るほうが確かである。

・ひょうたんから駒《こま》が出る

意外なところから意外なものが出てくる。

(類)嘘から出た実《まこと》

・仏作って魂入れず

ほぼできあがっているが，最も肝心な点が欠けている。

(類)画竜点睛《がりょうてんせい》を欠く

〈ま行〉

・身から出たさび

自分がしたあやまちが原因で，災難が自分にふりかかること。

(類)自業自得《じごうじとく》

・餅《もち》は餅屋

世の中のいろいろなことは，その道の専門家にまかせるのが一番確実だ。

(類)舟は船頭に任せよ

〈や行〉

・焼け石に水

少しばかりの援助や労力では効果がない。

・柳に風

相手にさからわないで，上手に受け流すこと。

(対)売り言葉に買い言葉

・柳に雪折れなし

柔軟なものは堅固なものよりかえってよく耐える。

(類)柔《じゅう》能《よ》く剛《ごう》を制す

〈ら行〉

・楽は苦の種苦は楽の種

楽をすれば後で苦労するものであり，先に苦労すれば後は楽になるということ。

・良薬は口に苦し

病気によく効く薬は苦くて飲みにくい。身のためになる忠言が聞きづらいことをいう。

(類)忠言耳に逆らう

・類は友を呼ぶ

性質や考えの似た者は，自然に集まる。

〈わ行〉

・渡る世間に鬼はない

世の中には薄情な人ばかりではなく，人情に厚い人も必ずいるということ。

(対)人を見たら泥棒と思え

(2) 慣用句

〈体の部分に関連する慣用句〉

足が出る	使った金が予算を超えて赤字になる。
足を洗う	よくない境遇から抜け出す。
足を引っ張る	他人の行動や成功を妨げる。
顔がきく	権力によって特別扱いを受けることができる。
顔が広い	世間に広く名を知られている。
顔に泥を塗る	面目をつぶす。恥をかかせる。
顔を貸す	頼まれて人に会ったり，人前に出たりする。
肩を並べる	対等な地位に立つ。
肩を持つ	味方をする。
口が堅い	言うべきでないことは決して言わない。
口が酸っぱくなる	同じことを何度も繰り返して言う。
口に合う	自分の好みの味と一致する。
口を切る	多くの人たちの中で最初に発言する。
口をつぐむ	ものを言わない。
口を割る	隠していたことを白状する。
腰が低い	へりくだった態度をとる。
腰を据《す》える	落ち着いて事をする。
尻に火がつく	ものごとが切迫《せっぱく》してじっとしていられない。
爪に火を灯《とも》す	非常にけちである。
手が届く	能力などの範囲内にある。

手が焼ける	何かと面倒を見るために苦労する。
手に余る	ものごとが自分の能力以上のため，処理できない。
歯が浮く	きざな言動やお世辞に接して不愉快になる。
歯に衣《きぬ》着せぬ	思ったことを率直に言う。
鼻が高い	得意である。自慢である。
鼻にかける	自慢する。
鼻につく	飽きてしまって不快に感じる。
鼻をあかす	出し抜いてあっと言わせる。
腹を据える	覚悟を決める。
腑《ふ》に落ちない	納得がいかない。
へそで茶を沸《わ》かす	おかしくてたまらない。
眉をひそめる	心配事があって顔をしかめる。
眉を開く	安心してほっとした顔つきになる。
身の毛もよだつ	ぞっとする。
身も蓋《ふた》もない	あからさまである。
耳が痛い	人の意見が自分の弱点をついていて，つらく感じる。
耳にはさむ	耳に入る。
耳を疑う	きいた話が信じられない。
耳をそろえる	金額を少しも不足なく全部そろえる。
胸に一物《いちもつ》ある	心の中にたくらみがある。
胸を借りる	自分より力が上の者に相手をしてもらう。
胸をなで下ろす	心配事が解決して安心する。
目から鱗《うろこ》が落ちる	思いがけないことから周囲の状況がよくわかるようになり，悩みや迷いから解放される。
目に余る	黙って見過ごせないほどひどい。
目を疑う	意外なことにびっくりする。
目を光らす	注意して見る。

〈その他の慣用句〉

青菜《あおな》に塩	急に元気をなくし，うちしおれる。
挙《あ》げ句《く》の果て	結局。
味をしめる	前の良さが忘れられず，また期待する。
後の祭り	時機をのがすと，何の役にも立たないこと。
一目《いちもく》置く	相手が自分よりまさっているとして，敬意を払う。

意に介《かい》する	気にとめる。
意にかなう	満足する。
犬の遠吠《ぼ》え	臆病者が陰で虚勢を張る。
色をなす	非常に怒って顔色を変える。
うつつをぬかす	あることに心を奪われて夢中になる。
うどの大木	なりが大きいだけで役に立たないもの。
馬が合う	気性が合う。
馬を牛に乗り換える	良いものを捨て，代わりにそれよりも劣っているものを取る。
瓜《うり》二つ	顔つきなどがよく似ている。
雲泥《うんでい》の差	はなはだしい差。
悦《えつ》に入《い》る	物事がうまくいって一人でひそかに喜ぶ。
襟《えり》を正す	気持ちを引き締める。
お茶を濁す	その場をとりつくろってごまかす。
思う壺《つぼ》	自分のたくらみ通りになる。
折り紙付き	定評があるもの。
尾を引く	名残《なごり》があとまで響く。
音頭《おんど》を取る	何かを行うときに，皆の先に立ってひっぱっていく。
飼い犬に手を噛《か》まれる	良くした相手に裏切られる。
かぶとを脱ぐ	自分の力が及ばなくて参る。
閑古鳥《かんこどり》が鳴く	商売などがはやらない。
眼中にない	問題にしない。
気が置けない	気をつかう必要がなく，気楽につきあえる。
机上《きじょう》の空論	頭だけで考えた，実際の役には立たない案。
木で鼻をくくる	相手に冷淡な態度をとること。
肝《きも》に銘《めい》じる	教訓や忠告などをしっかり心にとめておく。
釘《くぎ》をさす	前もって念押しして注意する。
心を洗う	すがすがしい気持ちにする。
心を砕く	心配し，苦労する。
言葉を濁す	あやふやに言う。
さじを投げる	これ以上手だてがないとあきらめる。
猿知恵《さるぢえ》	あさはかな知恵。
思案に余る	いくら考えてもうまい考えが浮かんでこない。
しのぎを削る	激しく競争する。
春秋に富む	年が若くて将来が長い。

常軌《じょうき》を逸する	良識に欠け，普通ではない言動をする。
白羽《しらは》の矢が立つ	多くの人の中からその人とねらいをつけられる。
雀《すずめ》の涙	ごくわずか。
象牙の塔	俗世間から離れて学問ばかりする学者たちの態度や生活。
相好《そうごう》を崩す	喜んで思わずにこにこする。
たかをくくる	相手を軽く見る。
露《つゆ》と消える	はかなく消えてなくなる。
鶴の一声《ひとこえ》	権威のある人の一言で多くの人が否応《いやおう》なくそれに従う。
頭角《とうかく》をあらわす	才能などが群を抜いてあらわれる。
とどのつまり	結局。
虎の子	大切にして手放さない金や宝物。
とりつくしまもない	すがる頼みがない。
流れに棹《さお》さす	物事が順調に進む。
錦《にしき》を飾る	立派な仕事をして故郷に帰る。
二の足を踏む	ものごとを思い切ってせず，ためらう。
抜き差しならない	どうにもできなくて身動きできない。
猫の手も借りたい	非常に忙しい。
猫の額《ひたい》	土地が狭い。
猫をかぶる	本性を隠しておとなしく見せかける。
根も葉もない	何の証拠・根拠もない。
拍車《はくしゃ》をかける	力を加えて物事の進行を一段と早める。
裸一貫《はだかいっかん》	自分の身一つだけで，他には何も頼るものがない。
破竹《はちく》の勢い	とどめがたいほど激しく進む勢い。
八方美人	誰に対してもいい顔をしようとする人。
冷《ひ》や飯《めし》を食う	能力が正当に評価されず，冷遇される。
ひんしゅくを買う	周囲にいやな顔をされて，軽蔑《けいべつ》される。
ふるいにかける	多くのものの中から選び分ける。
枚挙《まいきょ》にいとまがない	多すぎて一つずつ数え上げることができない。
満《まん》を持《じ》す	十分用意して時機の来るのを待ち受ける。
水を得た魚《うお》	最も適した環境や活躍の場を得て，思う存分に活躍する。
水を差す	物事のじゃまを入れる。
見る影もない	以前と比べてすっかり落ちぶれ，身なりや様子が貧弱である。
虫が知らせる	何となく悪い予感がする。
虫の息	今にも死にそうである。

虫の居所《いどころ》が悪い	いつもより不機嫌でおこりっぽい。
元の木阿弥《もくあみ》	一度良くなった状態が，結局もとに戻る。
諸刃《もろは》の剣《つるぎ》	相手を傷つけるだけでなく，自分も傷つく恐れがあること。役に立つが，他方で危険を招きかねないこと。
八百長《やおちょう》	勝負事で，前もって勝ち負けを打ち合わせておきながら，見かけは真剣に闘っているふりをする。
やぶさかでない	あることを行う努力を惜しまない。
やりだまにあげる	非難や攻撃の標的にする。
横車《よこぐるま》を押す	道理に合わなくても無理を通すこと。
らちがあかない	物事の決着がつかない。
渡りに船	条件が好都合に整う。

(3)　故事成語

〈あ行〉

・**青は藍《あい》より出《い》でて藍より青し**（出藍《しゅつらん》の誉《ほま》れ）

弟子が努力して，先生よりも優れること。

・**悪事千里を走る**

悪事はすぐに千里の遠方まで伝わり，知れやすいこと。

㊫人の口に戸は立てられぬ〈ことわざ〉

・**石に漱《くちすす》ぎ流れに枕す**

負け惜しみの強いこと。ひどいこじつけ。

・**一炊《いっすい》の夢**（邯鄲《かんたん》の夢　邯鄲の枕　盧生《ろせい》の夢）

人生の栄枯盛衰ははかない。

・**烏有《うゆう》に帰《き》す**

火災ですべてを無くす。

・**温故知新《おんこちしん》**（故《ふる》きを温《たず》ねて新しきを知る）

古い事柄や学説などを研究して，そこから新しい知識や現代的意義を見出すこと。

〈か行〉

・**臥薪嘗胆《がしんしょうたん》**

成功するためにあらゆる苦難に耐える。苦難をしのんで復讐する。

・**画竜点睛《がりょうてんせい》**（～を欠く）

最後の肝心な仕上げ（が欠けている）。

・**木に縁《よ》りて魚《うお》を求む**

手段や方法が誤っているために，目的が達せられない。

・**杞憂《きゆう》**

無用の心配。取り越し苦労。

・**牛耳《ぎゅうじ》をとる**（牛耳る）

仲間や団体のリーダーとなる。成り行きを支配する。

・**曲学《きょくがく》阿《あ》世《せい》**

真理を曲げ，権力者にこびたり，世間にへつらったりして人気を得ること。

・**漁父《ぎょふ（ほ）》の利**

二者が争っているすきに第三者が利益を横取りする。

・**鶏口《けいこう》となるも牛後《ぎゅうご》となるなかれ**（鶏口牛後）

大きな組織の末端にいるより，小さな組織でも長になるほうが良いということ。

・**蛍雪《けいせつ》の功**

苦学し，立派な人物となること。

・**逆鱗《げきりん》に触（れ）る**

天子や君主をいさめてその怒りを受ける。

・**月《げっ》下《か》氷人《ひょうじん》**

男女の縁をとりもつ人。仲人《なこうど》。

・**巧言令色《こうげんれいしょく》**（～鮮《すくな》し仁《じん》）

言葉を飾り，人にこびへつらうこと。

・**後生《こうせい》畏《おそ》るべし**

若い人が努力すれば，その進歩向上はおそるべきものがある。

・**呉《ご》越同舟《えつどうしゅう》**

仲の悪い者同士が同じ所にいること。

・**五十歩百歩**

似たりよったりで大差がない。

（類）大同小異《だいどうしょうい》〈熟語〉　目くそ鼻くそを笑う〈ことわざ〉

・**五《ご》里《り》霧《む》中《ちゅう》**

先行きの見通しが立たず，なにをすればよいのか，分からなくなってしまうこと。

〈さ行〉

・（人間万事～）**塞翁《さいおう》が馬**

人生の禍福《かふく》や吉凶は予測しがたい。

（類）禍福は糾《あざな》える縄のごとし

・**先んずれば則《すなわ》ち人を制す**

何事でも人より先にやれば，有利な立場になって人をおさえることができる。

(同)先手必勝〈熟語〉　(対)急《せ》いては事を仕損じる〈ことわざ〉

・**四面楚歌《しめんそか》**

まわりが敵ばかりで味方が一人もいないこと。孤立無援。

・**助長《じょちょう》**

不要な力添えをして，かえって害する。

・**水魚《すいぎょ》の交わり**

極めて親密な交際。

(類)管鮑《かんぽう》の交わり

・**推敲《すいこう》**

詩や文章の字句・内容を何度も練り直すこと。

・**杜撰《ずさん》**

物事に手落ちや誤りが多く，いいかげんなようす。

・**切磋琢磨《せっさたくま》**

集団の中で，互いに刺激しあって学問や人格の向上に励むこと。

〈た行〉

・**大器晩成《たいきばんせい》**

大人物《だいじんぶつ》は晩年に大成するということ。

(対)栴檀《せんだん》は二葉《ふたば》より芳《かんば》し〈ことわざ〉

・**他山《たざん》の石**

他人のとるに足りない言動でも自分の向上の助けとなる。

(類)人のふり見て我がふり直せ〈ことわざ〉

・**蛇足《だそく》**

無駄な行為。余計なつけたし。

・**知音《ちいん》**

互いをよく理解している親友。

・**朝三暮四《ちょうさんぼし》**

目先の違いにとらわれ，結果が同じことに気がつかないこと。

・**朝令暮改《ちょうれいぼかい》**

法律や命令がしばしば変わって定まらないこと。

・**登竜門《とうりゅうもん》**

立身出世の関門。

・**虎《とら》の威《い》を借《か》る狐《きつね》**

他人の威光をかさにきて威張る小人物《しょうじんぶつ》。

〈は行〉

・**背水《はいすい》の陣**

決死の覚悟で事にあたる。

・**白眉《はくび》**

多くの同類の中で最も優れているもの。

・**破天荒《はてんこう》**

今までだれもできなかったことを初めて行うこと。

㊮未曾有《みぞう》　前代未聞《ぜんだいみもん》〈熟語〉

・**覆水《ふくすい》盆に返らず**

一度してしまったことは取り返しがつかない。

・**墨守《ぼくしゅ》**

堅く守る。自説を固持して譲らない。

〈ま行〉

・**矛盾《むじゅん》**

つじつまが合わない。

㊮自家撞着《じかどうちゃく》〈熟語〉

・**明窓浄机《めいそうじょうき》**

明るい窓と清らかな机。きちんとした清潔な書斎。

・**孟母三遷《もうぼさんせん》**

子どもの教育やしつけには，生活環境が大切だという教え。

〈や行〉

・**羊頭狗肉《ようとうくにく》**（羊頭を懸《かか》げて狗肉を売る）

見せかけだけが立派で，中身はつまらないもの。看板と内容の違うこと。

〈ら行〉

・**李下《りか》に冠《かんむり》を正《ただ》さず**

疑われやすい言動は避けたほうがよい。

㊮瓜田《かでん》に履《くつ》を納《い》れず

・**竜頭蛇尾《りゅうとうだび》**

初めは勢いが盛んだが，終わりはふるわないこと。

・**梁上《りょうじょう》の君子《くんし》**

泥棒。転じてねずみのこと。

2 敬語

(1) 敬語の種類

敬語は，「尊敬語」「謙譲語」「丁寧語」の3種類に分けて説明されることが多いが，文化庁は，2007年に敬語を5種類に細分化する方針を答申した。従来の3種類に基づいて，現在の敬語の使い方をより深く理解するために，3種類のうち，「謙譲語」を「謙譲語Ⅰ」と「謙譲語Ⅱ」に，また「丁寧語」を「丁寧語」と「美化語」に分けたものである。

5種類		3種類
尊敬語	「いらっしゃる・おっしゃる」型	尊敬語
謙譲語Ⅰ	「伺う・申し上げる」型	謙譲語
謙譲語Ⅱ（丁重語）	「参る・申す」型	
丁寧語	「です・ます」型	丁寧語
美化語	「お酒・お料理」型	

(2) 敬語のはたらき

① **尊敬語**（「いらっしゃる・おっしゃる」型）

相手側又は第三者の行為・ものごと・状態などについて，その人物を立てて述べるもの。

【特定形の主な例】

いらっしゃる（←行く・来る・いる），おっしゃる（←言う），なさる（←する），召し上がる（←食べる・飲む），下さる（←くれる），見える（←来る）

【一般形の主な例】

・お（ご）……になる（例：一般に，動詞が和語の場合は「読む→お読みになる」「出掛ける→お出掛けになる」のように「お……になる」となり，漢語サ変動詞の場合は「利用する→御利用になる」「出席する→御出席になる」のように「ご……になる」となる。）

・……（ら）れる（例：読む→読まれる，利用する→利用される，始める→始められる，来る→来られる）

【名詞の尊敬語】

一般には，「お名前」「御住所」のように，「お」又は「御」を付ける。このほか，「貴社」「貴信」のように「貴」を付けて，尊敬語として使うものなどがある。

② **謙譲語Ⅰ**（「伺う・申し上げる」型）

自分側から相手側又は第三者に向かう行為・ものごとなどについて，その向かう先の人物を立てて述べるもの。

【特定形の主な例】

伺う（←訪ねる・尋ねる・聞く），申し上げる（←言う），存じ上げる（←知る），差し上げる（←上げる），頂く（←もらう），お目に掛かる（←会う），お目に掛ける，御覧に入れる（←見せる），拝見する（←見る）

【一般形の主な例】

・お（ご）……する，お（ご）……申し上げる（例：一般に，動詞が和語の場合は「届ける→お届けする」「誘う→お誘いする」のように「お……する」となり，漢語サ変動詞の場合は，「案内する→御案内する（御案内申し上げる）」「説明する→御説明する（御説明申し上げる）」のように「ご……する」となる。）

・……ていただく（例：読む→読んでいただく，指導する→指導していただく）

・お（ご）……いただく（例：読む→お読みいただく，指導する→御指導いただく）

【名詞の謙譲語Ⅰ】

一般には，「（先生への）お手紙」「（先生への）御説明」のように，「お」又は「御」を付ける。このほか，「拝顔」「拝眉」のように，「拝」の付いた謙譲語Ⅰもある。

（注）「拝見」「拝借」などは，「拝見する」「拝借する」のように動詞として使う方が一般的。

③ **謙譲語Ⅱ**（丁重語）（「参る・申す」型）

自分側の行為・ものごとなどを，話や文章の相手に対して丁重に述べるもの。

【特定形の主な例】

参る（←行く・来る），申す（←言う），いたす（←する），おる（←いる），存じる（←知る・思う）

【一般形】

・……いたす（例，利用する→利用いたす）

（注）「……いたす」は「……する」の形をした動詞（サ変動詞）のみに適用可能。

【「謙譲語Ⅰ」兼「謙譲語Ⅱ」の一般形】

上述の「謙譲語Ⅰ」兼「謙譲語Ⅱ」の一般的な語形として「お（ご）……いたす」がある。

【名詞の謙譲語Ⅱ】

「愚見」「小社」「拙著」「弊社」のように，「愚」「小」「拙」「弊」を付けて，謙譲語Ⅱとして使うものがある。ほぼ，書き言葉専用である。

④　**丁寧語**(「です・ます」型)

話や文章の相手に対して丁寧に述べるもの。

⑤　**美化語**(「お酒・お料理」型)

ものごとを，美化して述べるもの。

3　文法

(1)　文節と単語

①　**文節**…意味を壊さないで短く区切った一区切りの言葉。

文節の区切り方→話すように「ネ・サ・ヨ」を自然に入れられる部分が文節の区切れ目である。

例　弟とネ　妹はネ　学校にネ　行きました。

②　**単語**…文節をさらに細かく分けた意味上の最小単位。

例　私／は／パリ／へ／行く／予定／です。

(2)　文節と文節との関係

①　**主語・述語の関係**：「何がどうする」などの文の基本を表す関係。

例　雨が　降る

②　**修飾・被修飾の関係**：係る文節が受ける文節を説明する関係。他の文節を詳しく説明する文節を**修飾語**といい，その修飾語によって詳しく説明される文節を**被修飾語**という。

例　夏の太陽が じりじりと地面を照りつける。

具体的には，例文の「夏の」のように「太陽」という体言の文節に係る修飾語を**連体修飾語**と言い，「じりじりと」のように「照りつける」という用言の文節に係る修飾語を**連用修飾語**という。

③　**並列の関係**：二つ以上の文節が対等の関係で並ぶ関係。

例　バラやフリージアがきれいに咲いている。

(3)　品詞の分類

単語を，意味や働き，形によって分類したものを**品詞**という。日本語の品詞は11種類あるが，**自立語**(それだけで一文節を作ることができる単語。動詞や名詞など)と**付属語**(自立語のあとに付いてはじめて文節を形成する単語。助詞と助動詞)に二分される。次に示す図のうち，自立語で，活用があり，それだけで述語になることのできる単語，すなわち動詞・形容詞・形容動詞を**用言**という。また，自立語で活用がなく，主語になることのできる単語，すなわち名詞・代名詞を**体言**という。

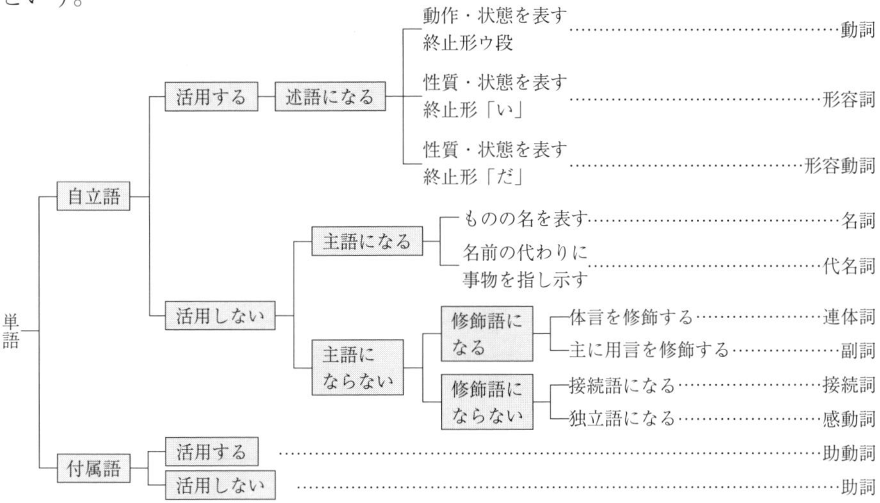

① 形容詞・形容動詞

ともに物事の性質や状態を表す語である。

〈形容詞・形容動詞の見分け方〉

・言い切りの形が「い」で終る→形容詞

・言い切りの形が「だ」で終る→形容動詞

共通点→命令形がない

〈形容詞〉

語例	語幹	未然形	連用形	終止形	連体形	仮定形	命令形
正しい	正し	――かろ	――かっ ――く ――う	――い	――い	――けれ	○

※形容詞の連用形「――う」は「ウ音便」と呼ばれる特別な活用形である。

例　形容詞「ありがたい」が「ございます」などの言葉につながると，

ありがたくございます→ありがとうございます

〈形容動詞〉

語例	語幹	未然形	連用形	終止形	連体形	仮定形	命令形
便利だ	便利	――だろ	――だっ ――で ――に	――だ	――な	――なら	○

② 副詞・連体詞

ともに他の分節を装飾し，文の意味をくわしく定める語である。副詞は主に用言を修飾し，連体詞は単独で体言だけを修飾する。

〈副詞〉

ⅰ）状態の副詞

動作・作用の状態を表す。「たまに，しばらく，すぐ，やがて」など

擬態語・擬音語も含まれる。「ぐんぐん，ワンワン」など

ⅱ）程度の副詞

事物の性質や状態の程度を示す。「とても，ずっと，もっと，ずいぶん」など

ⅲ）陳述（叙述）の副詞

後にくる言いかたと呼応し，話し手の気持ちを表す。（呼応の副詞）

陳述の副詞の語例	呼応する表現
おそらく，たぶん，さぞ	だろう（推量）
決して，全然，少しも	ない・ず（打消）
まさか，よもや	まい・ないだろう（打消推量）
どうして，なぜ	か（疑問・反語）
どうか，どうぞ，ぜひ	たい・ください（願望）
ちょうど，まるで	ようだ（比喩）
もし，たとえ，かりに，いくら	ば・なら・たら・ても（仮定）
きっと，当然，もちろん	だ（断定）

〈連体詞〉

種類	語例
「—の」型	この，その，あの，どの，例の
「—な」型	大きな，小さな，おかしな，いろんな
「—た（だ）」型	たいした，とんだ
「—る」型	あらゆる，ある，さる，いわゆる，いかなる
その他	わが

③ 助動詞・助詞

助動詞は付属語で活用があり，用言・体言などに意味を添える単語である。一方，助詞は語と語の関係を示したり，細かく意味を添えたりする語であり，付属語で活用がない。ともに，「用法の識別」「まぎらわしい語の識別」等の形式で出題されているので，特徴をしっかりと押さえておこう。

〈助動詞〉

［動詞型活用］…動詞の下一段活用と同じような活用をするもの

せる・させる	使役	弟に行かせる。妹に来させる。
れる・られる	受身	他人に笑われる。勉強させられる。
	尊敬	先生が休まれる。先生が来られる。
	可能	5分で行かれる。すぐに答えられる。
	自発	昔が思い出される。行く末が案じられる。

〈助動詞「ない」の見分け方〉

・動詞に接続する「ない」は助動詞

［形容詞型活用］…形容詞と同じような活用をするもの

ない	打消	問題が解けない。
たい	希望	先生になりたい。
らしい	推量	今日は雨が降るらしい。

［形容動詞型活用］…形容動詞と同じような活用をするもの

そうだ	伝聞	雨が降るそうだ。
	様態	雨が降りそうだ。
ようだ	推量	どうやら彼が来たようだ。
	比況	まるで夢のようだ。
	例示	エジソンのような人になりたい。
だ	断定	私は大学生だ。

[特殊型活用]…特殊な活用をするもの

ます	丁寧	私が行きます。
です	丁寧	私たちの学校です。
た・だ	過去	花が散った。猫が死んだ。
	完了	ちょうど仕事が終わった。
	確認	これはあなたの本でしたね。
	存続	壁に掛けた絵。
ぬ(ん)	打消	そんなことはできぬ。

[無変化型(終止形のみ)]…語形変化のないもの

う・よう	意志	明日，買い物に行こう。さあ，勉強しよう。
	推量	明日，完成するだろう。子どもにもできよう。
まい	打消意志	もう二度と煙草は吸うまい。
	打消推量	そんなことはあるまい。

〈助詞〉

助詞は40以上あるが，主な種類は以下の4つである。

A．格助詞…主に体言について文節関係を示す語。格助詞「の」の主な用法は以下の3つ。

主語 例 私の栽培したひまわりだ。→「が」と言い換え可能。

体言の代用 例 旅をするのが好きだ。→「もの」「こと」と言い換え可能。

連体修飾語 例 友人の手料理を食べる。→体言の間にはさまれている。

B．接続助詞…用言や助動詞などの活用語に続く語。

例 雨が降ったが，決行した。 晴れたので，出かけた。

C．副助詞…いろいろな語についてさまざまな意味を添える語。

例 紅茶ばかり飲んでいる。(限定の意)

かめばかむほど味がでる。(程度の意)

D．終助詞…文末などについていろいろな意味を添える語。

例 テレビを見るな。(禁止) 出発だよ。(念を押す)

(4) まぎらわしい語の識別

語	例　文	品　詞	識別の方法
が	目がさめたが，まだ眠い。	格助詞	体言に接続。
	目がさめたが，まだ眠い。	接続助詞	活用語の終止形に接続。
	目がさめた。が，まだ眠い。	接続詞	文のはじめに用いる。
ある	そこにある物を取れ。	動詞	「存在する」の意味。
	ある人が語った。	連体詞	体言を修飾。
だ	彼は高校生だ。	断定の助動詞	体言，助詞「の」に接続。
	宿題がすんだ。	過去・完了の助動詞	撥音便後に接続すると「た」が濁る。
	彼は元気だ。	形容動詞の活用語尾	他の形容動詞の活用語尾を作ることができる。
	桜が咲きそうだ。	助動詞「そうだ」の一部	動詞の連用形，形容詞，形容動詞の語幹「なさ」「よさ」に接続。
で	山で出会った。	格助詞	体言に接続。
	まだ済んでいない。	接続助詞	撥音便後に接続すると「て」が濁る。
	私は元気である。	形容動詞の活用語尾	語幹部分が体言にならず，「――だ」と言い換え可能。
ない	今は時間がない。	形容詞	一語で文節を作れる。
	魚を食べない。	打消の助動詞	未然形に接続し，「ぬ」に言い換えられる。
	命ははかない。	形容詞の一部	前の語と切り離せない。
に	見舞いに行く。	格助詞	体言に接続。
	静かになった。	形容動詞の活用語尾	語幹部分が体言にならず，「――だ」と言い換え可能。
	しきりに吠える。	副詞の一部	「――に」の形で用言を修飾。
	晴れなのに寒い。	接続助詞の一部	「のに」の形で逆接確定条件を表す。

4 国語常識

(1) 年齢を表す言葉

弱冠	じゃっかん	20才
而立	じりつ	30才
不惑	ふわく	40才
知命	ちめい	50才
耳順	じじゅん	60才
還暦	かんれき	60才

古稀	こき	70才
喜寿	きじゅ	77才
傘寿	さんじゅ	80才
米寿	べいじゅ	88才
卒寿	そつじゅ	90才
白寿	はくじゅ	99才

(2) 手紙の書き方

① 一般的な手紙の基本形式

拝啓　桜の花も見頃となりました。皆様にはお変わりなくお過ごしのことと存じます。こちらも家族一同相変わらず元気にしております。

　さて，先日は心のこもった入学祝いを頂きましてありがとうございました。叔母様のお心遣いを嬉しく思いました。私は4月より大学に入学しましたが，歴史の勉強とクラブ活動と充実した大学生活を送りたいと考えております。

　（中略）

　皆様のご健康をお祈り申し上げます。

　まずは御礼まで。

敬具

四月二十日

山下洋美

佐藤梅子様

机下

1）前文

書き出し（頭語）⇒時候の挨拶⇒相手の安否⇒自分の安否

2）主文

書き起こし（起辞）⇒本文（手紙の用件）

3）末文

結びの挨拶⇒結び（結語）

4）後付け

日付⇒差出人の署名⇒宛名・敬称⇒脇付け（宛名の下にやや小さく書く）

※時候の挨拶

1月	厳寒の候，寒さことのほか厳しい折から
2月	立春の候，余寒なお厳しい折から
3月	早春の候，春まだ浅いこのごろ
4月	陽春の候，春たけなわの候
5月	風薫る5月，新緑の候
6月	梅雨（麦秋）の候，向暑のみぎり
7月	盛夏の候，暑さ厳しい折から
8月	炎暑の候，晩夏の候，立秋の候
9月	初秋（白露）の候，すこやかな好季節を迎え
10月	秋冷の候，秋も深まってまいりました
11月	晩秋（向寒）の候，向寒のころとなりました
12月	初冬の候，歳末ご多用の折から

② 書き出しと結びの語

	書き出し	結び
一般的には	拝啓　謹啓　拝呈	敬具　敬白　拝具
改まったときには	謹啓　敬呈	敬白　頓首
急ぎの場合には	急啓　急呈　急白	以上　不一　草々
前文を略す場合には	前略　冠省	草々　不一　不備

(3) 百人一首

上の句	下の句	歌人
秋の田の　かりほの庵の　苫をあらみ	わが衣手は　露にぬれつつ	天智天皇
春過ぎて　夏来にけらし　白妙の	衣干すてふ　天の香具山	持統天皇
あしびきの　山鳥の尾の　しだり尾の	ながながし夜を　ひとりかも寝む	柿本人麻呂
田子の浦に　うち出でて見れば　白妙の	富士の高嶺に　雪は降りつつ	山部赤人
奥山に　紅葉踏み分け　鳴く鹿の	声聞く時ぞ　秋は悲しき	猿丸大夫
鵲の　渡せる橋に　置く霜の	白きを見れば　夜ぞ更けにける	大伴家持
天の原　ふりさけ見れば　春日なる	三笠の山に　出でし月かも	阿倍仲麻呂
わが庵は　都の辰巳　しかぞ住む	世をうぢ山と　人はいふなり	喜撰
花の色は　移りにけりな　いたづらに	我が身世にふる　ながめせしまに	小野小町

上の句	下の句	歌人
これやこの　行くも帰るも　別れては	知るも知らぬも　逢坂の関	蝉丸
わたの原　八十島かけて　漕ぎ出でぬと	人には告げよ　海人の釣船	小野篁
天つ風　雲の通ひ路　吹き閉ぢよ	乙女の姿　しばしとどめむ	遍昭
筑波嶺の　峰より落つる　男女川	恋ぞ積もりて　淵となりぬる	陽成天皇
陸奥の　しのぶもぢずり　誰ゆゑに	乱れそめにし　われならなくに	源融
君がため　春の野に出でて　若菜摘む	わが衣手に　雪は降りつつ	光孝天皇
立ち別れ　いなばの山の　峰に生ふる	まつとし聞かば　今帰り来む	在原行平
ちはやぶる　神代も聞かず　竜田川	からくれなゐに　水くくるとは	在原業平
住の江の　岸に寄る波　よるさへや	夢の通ひ路　人目よくらむ	藤原敏行
難波潟　短き蘆の　ふしの間も	逢はでこの世を　過ぐしてよとや	伊勢
わびぬれば　今はたおなじ　難波なる	みをつくしても　逢はむとぞ思ふ	元良親王
今来むと　言ひしばかりに　長月の	有明の月を　待ち出でつるかな	素性
吹くからに　秋の草木の　しをるれば	むべ山風を　嵐といふらむ	文屋康秀
月見れば　ちぢにものこそ　悲しけれ	わが身一つの　秋にはあらねど	大江千里
このたびは　ぬさも取りあへず　手向山	紅葉の錦　神のまにまに	菅原道真
名にし負はば　逢坂山の　さねかづら	人に知られで　来るよしもがな	藤原定方
小倉山　峰のもみぢ葉　心あらば	今ひとたびの　みゆき待たなむ	藤原忠平
みかの原　わきて流るる　泉川	いつ見きとてか　恋しかるらむ	藤原兼輔
山里は　冬ぞ寂しさ　まさりける	人目も草も　かれぬと思へば	源宗于
心あてに　折らばや折らむ　初霜の	置きまどはせる　白菊の花	凡河内躬恒
有明の　つれなく見えし　別れより	暁ばかり　憂きものはなし	壬生忠岑
朝ぼらけ　有明の月と　見るまでに	吉野の里に　降れる白雪	坂上是則
山川に　風のかけたる　しがらみは	流れもあへぬ　紅葉なりけり	春道列樹
ひさかたの　光のどけき　春の日に	しづ心なく　花の散るらむ	紀友則
誰をかも　知る人にせむ　高砂の	松も昔の　友ならなくに	藤原興風
人はいさ　心も知らず　ふるさとは	花ぞ昔の　香に匂ひける	紀貫之
夏の夜は　まだ宵ながら　明けぬるを	雲のいづこに　月宿るらむ	清原深養父
白露に　風の吹きしく　秋の野は	つらぬきとめぬ　玉ぞ散りける	文屋朝康
忘らるる　身をば思はず　誓ひてし	人の命の　惜しくもあるかな	右近
浅茅生の　小野の篠原　しのぶれど	あまりてなどか　人の恋しき	源等

上の句	下の句	歌人
しのぶれど　色に出でにけり　わが恋は	ものや思ふと　人の問ふまで	平兼盛
恋すてふ　わが名はまだき　立ちにけり	人知れずこそ　思ひそめしか	壬生忠見
契りきな　かたみに袖を　しぼりつつ	末の松山　波越さじとは	清原元輔
逢ひ見ての　のちの心に　くらぶれば	昔はものを　思はざりけり	藤原敦忠
逢ふことの　絶えてしなくは　なかなかに	人をも身をも　恨みざらまし	藤原朝忠
あはれとも　いふべき人は　思ほえで	身のいたづらに　なりぬべきかな	藤原伊尹
由良の門を　渡る舟人　かぢを絶え	ゆくへも知らぬ　恋のみちかな	曽禰好忠
八重むぐら　しげれる宿の　さびしきに	人こそ見えね　秋は来にけり	恵慶
風をいたみ　岩うつ波の　おのれのみ	くだけてものを　思ふころかな	源重之
御垣守　衛士のたく火の　夜は燃え	昼は消えつつ　ものをこそ思へ	大中臣能宣
君がため　惜しからざりし　命さへ	長くもがなと　思ひけるかな	藤原義孝
かくとだに　えやは伊吹の　さしも草	さしも知らじな　燃ゆる思ひを	藤原実方
明けぬれば　暮るるものとは　知りながら	なほうらめしき　朝ぼらけかな	藤原道信
嘆きつつ　ひとり寝る夜の　明くる間は	いかに久しき　ものとかは知る	藤原道綱母
忘れじの　ゆく末までは　かたければ	今日を限りの　命ともがな	高階貴子
滝の音は　絶えて久しく　なりぬれど	名こそ流れて　なほ聞こえけれ	藤原公任
あらざらむ　この世のほかの　思ひ出に	いまひとたびの　逢ふこともがな	和泉式部
めぐり逢ひて　見しやそれとも　わかぬ間に	雲がくれにし　夜半の月かな	紫式部
有馬山　猪名の笹原　風吹けば	いでそよ人を　忘れやはする	大弐三位
やすらはで　寝なましものを　さ夜更けて	傾くまでの　月を見しかな	赤染衛門
大江山　いく野の道の　遠ければ	まだふみも見ず　天の橋立	小式部内侍
いにしへの　奈良の都の　八重桜	けふ九重に　にほひぬるかな	伊勢大輔
夜をこめて　鳥の空音は　謀るとも	よに逢坂の　関はゆるさじ	清少納言
今はただ　思ひ絶えなむ　とばかりを	人づてならで　いふよしもがな	藤原道雅
朝ぼらけ　宇治の川霧　たえだえに	あらはれわたる　瀬々の網代木	藤原定頼
恨みわび　ほさぬ袖だに　あるものを	恋に朽ちなむ　名こそ惜しけれ	相模
もろともに　あはれと思へ　山桜	花よりほかに　知る人もなし	行尊
春の夜の　夢ばかりなる　手枕に	かひなく立たむ　名こそ惜しけれ	周防内侍
心にも　あらで憂き夜に　長らへば	恋しかるべき　夜半の月かな	三条天皇
嵐吹く　三室の山の　もみぢ葉は	竜田の川の　錦なりけり	能因

上の句	下の句	歌人
寂しさに　宿を立ち出でて　ながむれば	いづこも同じ　秋の夕暮れ	良暹
夕されば　門田の稲葉　訪れて	蘆のまろ屋に　秋風ぞ吹く	源経信
音に聞く　高師の浜の　あだ波は	かけじや袖の　ぬれもこそすれ	祐子内親王家紀伊
高砂の　尾の上の桜　咲きにけり	外山の霞　立たずもあらなむ	大江匡房
憂かりける　人を初瀬の　山おろしよ	激しかれとは　祈らぬものを	源俊頼
契りおきし　させもが露を　命にて	あはれ今年の　秋もいぬめり	藤原基俊
わたの原　漕ぎ出でて見れば　ひさかたの	雲居にまがふ　沖つ白波	藤原忠通
瀬をはやみ　岩にせかるる　滝川の	われても末に　逢はむとぞ思ふ	崇徳天皇
淡路島　通ふ千鳥の　鳴く声に	幾夜寝覚めぬ　須磨の関守	源兼昌
秋風に　たなびく雲の　絶え間より	漏れ出づる月の　影のさやけさ	藤原顕輔
長からむ　心も知らず　黒髪の	乱れて今朝は　物をこそ思へ	待賢門院堀河
ほととぎす　鳴きつる方を　ながむれば	ただ有明の　月ぞ残れる	徳大寺実定
思ひわび　さても命は　あるものを	憂きに堪へぬは　涙なりけり	藤原敦頼
世の中よ　道こそなけれ　思ひ入る	山の奥にも　鹿ぞ鳴くなる	藤原俊成
長らへば　またこのごろや　しのばれむ	憂しと見し世ぞ　今は恋しき	藤原清輔
夜もすがら　物思ふころは　明けやらで	閨のひまさへ　つれなかりけり	俊恵
嘆けとて　月やは物を　思はする	かこち顔なる　わが涙かな	西行
村雨の　露もまだ干ぬ　真木の葉に	霧立ちのぼる　秋の夕暮れ	寂蓮
難波江の　蘆のかりねの　ひとよゆゑ	身を尽くしてや　恋ひわたるべき	皇嘉門院別当
玉の緒よ　絶えなば絶えね　ながらへば	忍ぶることの　弱りもぞする	式子内親王
見せばやな　雄島の海人の　袖だにも	濡れにぞ濡れし　色は変はらず	殷富門院大輔
きりぎりす　鳴くや霜夜の　さむしろに	衣かたしき　ひとりかも寝む	九条良経
わが袖は　潮干に見えぬ　沖の石の	人こそ知らね　かわく間もなし	二条院讃岐
世の中は　常にもがもな　渚漕ぐ	海人の小舟の　綱手かなしも	源実朝
み吉野の　山の秋風　さよ更けて	ふるさと寒く　衣打つなり	飛鳥井雅経
おほけなく　憂き世の民に　おほふかな	わが立つ杣に　墨染の袖	慈円
花さそふ　嵐の庭の　雪ならで	ふりゆくものは　わが身なりけり	西園寺公経
来ぬ人を　松帆の浦の　夕なぎに	焼くや藻塩の　身もこがれつつ	藤原定家
風そよぐ　楢の小川の　夕暮は	禊ぞ夏の　しるしなりける	藤原家隆
人も惜し　人も恨めし　あぢきなく	世を思ふゆゑに　物思ふ身は	後鳥羽天皇
百敷や　古き軒端の　しのぶにも	なほ余りある　昔なりけり	順徳天皇

確認問題

7 次のことわざの意味として適切でないものを選べ。

① 石の上にも三年…つらくても辛抱して続ければ，必ず報われる。
② 枯れ木も山のにぎわい…つまらないものでも，ないよりはましである。
③ 蛇《じゃ》の道は蛇《へび》…同じ仲間のすることは，その道の者にはすぐわかる。
④ 情けは人のためならず…他人に情けをかけてやるのは，必ずしもその人のためにはならない。
⑤ 待てば海路の日和あり…ゆっくり待っていれば，やがて好機がおとずれる。

8 次の慣用句の意味として適切でないものを選べ。

① 青菜に塩…急に元気をなくし，うちしおれる。
② 気が置けない…心を許せない，油断できない。
③ 拍車をかける…力を加えて物事の進行を一段と早める。
④ 枚挙にいとまがない…多すぎて一つずつ数え上げることができない。
⑤ 水を得た魚…最も適した環境や活躍の場を得て，思う存分に活躍する。

9 次の故事成語の意味として適切でないものを選べ。

① 韋編三絶…書物をくり返し熱心に読む。
② 画竜点睛…最後の肝心な仕上げ。
③ 巧言令色…言葉を飾り，人にこびへつらうこと。
④ 呉越同舟…仲の悪い者同士が同じ所にいること。
⑤ 朝三暮四…法律や命令がしばしば変わって定まらないこと。

10 次の言葉の説明で正しいものを選べ。

① かぶとを脱ぐ…非常に忙しい。
② 可愛い子には旅をさせよ…旅によって得る人生経験は尊い。親は多少の無理をしても子どもに旅をさせる必要がある。
③ 柳に雪折れなし…つまらないものでもないよりはましである。
④ 豆腐にかすがい…意見交換をするたびに柔軟な姿勢で他人の考えを受け入れることができるようになる。

⑤ 火中の栗を拾う…他人の利益のために危険をおかす。

11 次の文の中でことわざや慣用句が正しく使われているものを選べ。

① 2位のチームが連敗して，首位との間に大きな水がはいってしまった。

② 腹が煮えくり返るほどくやしい。

③ 魚を得た水のごとく，大張り切りだ。

④ 間髪を入れず，ブラスバンドが入場した。

⑤ 何度転居を勧めても糠みそに釘だ。

12 次の文の中で敬語が正しく使われているものをすべて選べ。

① お客様，こちらの資料を拝見して下さい。

② 私は，休日は家におります。

③ 駅への道は，あちらの交番で伺って下さい。

④ 春になり，暖かくなって参りました。

⑤ この件について，社長は何かおっしゃっていましたか。

13 次の文の中で敬語が正しく使われているものを選べ。

① 賞品をいただいてください。

② 父にお目にかかっていただきたく存じます。

③ ただいま，課長は外出していらっしゃいます。

④ 弊社の設備を一度ご覧になって下さい。

⑤ こちらへ参られた感想をひとつお願いします。

14 文法上から見て正しい言い方の文を選べ。

① この服は小さくて着れない。

② 明日までに来れますか。

③ ここは出口ではありません。ここから庭へは出れません。

④ これは生のままでも食べれます。

⑤ 他人に見せられるようなものではない。

15 例文中の「で」と同じ用法で使われているものを選べ。

例 全生命をかけたものである。

① 私は自転車で通学している。

② これが大島で，あれが八丈島だ。

③ 海はおだやかで，航海は順調だ。

④ 雨は降りそうでもない。

⑤ 教室で騒いで叱られた。

16 手紙文の書き出しと結びの言葉の組み合わせとして，正しいものを選べ。

① 拝啓－草々

② 謹啓－かしこ

③ 前略－敬具

④ 冠省－頓首

⑤ 急啓－不一

3 読解・鑑賞

●ポイント

読解問題では，要旨・主題の把握から細部にわたる内容吟味まで，正確な読解力を問われる。現代文・古文・漢文・韻文と出題は広範囲に及ぶうえ，出題形式も多様である。いずれにしても，読解力は一朝一夕に身につくものではなく，日頃から文章に親しみ積み重ねていくことが肝要である。特に，論説文の中にはかなり難解な文章も出題されることがあるので，十分に読み慣れておかなければならない。古文・漢文では基本的な知識を問われることが多いので正確に身につけておくこと。その他，教科書に出てくるような主要作品に目を通し，特に冒頭や有名な箇所については暗唱できるようにしておくのが望ましい。和歌・俳句は代表的な作品について，作者，作風と共にまとめておさえておく必要がある。特に，俳句の季語では感覚的には解きにくいものが出題されやすいので，留意して覚えておきたい。

1 現代文

現代文の読解問題は，おおまかに論説，随筆，小説，韻文(詩，短歌や俳句)の4つに区分される。いずれのジャンルの文章を読解する上でも，基礎・基本を定着させ，文章を読み解くことが不可欠である。以下の例題を解きながら，文章を解く上での基礎知識を身につけていこう。

Point Check

1 接続詞の種類

順接	前の事柄が原因・理由となり，後の文で発展させ結果を述べる接続	だから，ゆえに，したがって
逆接	文の前後で逆の内容を述べる場合の接続	しかし，だが，ところが
転換	話題を変える場合の接続	ところで，さて，では
添加・並列	前の文に後の文を付け加えたり，両者が並んだりしていることを示す接続	そのうえ，また，および
説明	前の事柄を説明したり，理由を述べたり，要約したりする場合の接続	なぜなら，ただし

2 指示内容のとらえ方

① 直前部分に着目➡指示語の直前から前へさかのぼって探す

② 指示語の部分に代入して確認

※コソアド言葉

	方向	場所	事物		方向	場所	事物
近称	こっち こちら	ここ ここら	これ これら	遠称	あっち あちら	あそこ あそこら	あれ あれら
中称	そっち そちら	そこ そこら	それ それら	不定称	どっち どちら	どこ どこら	どれ

3 語句の意味のとらえ方

① 辞書的な意味を確認する

② 文脈に沿うか吟味する➡文中に選択肢を代入して文意を比較してみる

4 空欄補充の仕方

① 空欄の前後の文意を押さえる

② 選択肢を代入して不適切なものは消去する

5 心情のとらえ方

心情を表す手がかりから心情を把握する

① 直接的な表現に着目

② 人物の表情・態度・言動に着目

③ 会話からとらえる

④ 情景に暗示された心情に着目……比喩表現や自然描写

6 主題のとらえ方

(小説の場合) 主人公の心情や人物像に着目

(随筆の場合) 事実と感想の部分を区別して，感想から主題を把握する

7 修辞技法

① 比喩法

A．**直喩 (明喩)**：「まるで」「～のような」など直接明確にたとえる。

例 雪のように白い肌──→肌を雪に直接たとえている。

B．**隠喩 (暗喩)**：「～のようだ」などは用いず，それとなくたとえる。

例 僕は戦に負けた獅子だ。──→僕と獅子をそれとなく結びつけている。

C．**擬人法**：人間でないものを人格化して，人間同様に表現する。

例 風が頬をくすぐる。──→風を人に見立てている。

② 倒置法：本来の語順を入れ替えることによってその部分を強調する。

例 嘘じゃないよ，本当に。

③ 反復法：同じ語句をそのまま，あるいは多少変化させながら繰り返す。

例 抜けるような青い空，吸いこまれるような青い空

④ 対句法：語調の似た表現を並べ，語調を整える。

例 海は青く光り，山は緑に燃える。

8 陳述の副詞：受ける文節に特別な言い方を要求する

①	打消	決して・少しも後悔をしない。
②	推量	おそらく・たぶん明日は晴れるだろう。
③	打消推量	よもや雨は降るまい。
④	仮定	たとえ・もし苦しくても，くじけるな。
⑤	比況	まるで・あたかも夢のような出来事だ。

例題1 〈読解①〉

次の文章を読んで，後の問いに答えよ。

趣味は何かと聞かれた時に，読書をその一つにあげる人の数は，一体どのくらいあろうか。小学校から大学まで宿題や試験になやまされることの少なかった時代に，少年期，青年期をすごした私——家じゅうがさまざまな種類の書物で一杯になっており，しかもその大部分が大人向きの書物というやや異常な環境の中にあった私にとっては，読書は趣味的であるよりも，（　A　）条件反射的行為に近かった。それは食事をしたり，お菓子を食べたり，果物を食べたりすることと類似した，日常的習慣になってしまっていた。

そのころから今日までの間に，時代はすっかり変わった。私のおかれている環境も違ってしまった。読書よりも，テレビを見ることのほうが条件反射的行為に近くなってきた。そうなってきたのも（　B　）不思議ではない。テレビの画面の中で動いている人たちの姿を目で見ながら，彼らの発する声を耳で聞くという行為にくらべれば，紙の上に蟻の行列のように長々と続く文字を順々に目で追うてゆくという行為は，（　C　）不自然であり，奇妙でさえもある。

ところが，よく考えて見ると，事態はもっと奇妙である。言葉をつくりだし，文字をつくりだすことによって，思想が芽をふき，成長することができた。思想と手わざとが協力することによって，科学へと発展した。そこから生まれたものが，映画であり，ラジオであり，テレビであった。私たちは，それらを享受するのに，本を読む時ほどに頭を使う必要がなくなった。しばらくの間，あたえられたものを素直に受けいれておればよい。すんでしまってから後，私たちの頭の中に沈着するものも少ない。それはそれでよいとしても，困るのは私たちが落ちついてものを考える機会や習慣がへらされること

である。科学文明が進んだ結果として，①それを生みだした②頭脳の創造的活動の源泉の一つがかえって枯渇しそうになってきたのである。

（　D　）読書以外にも，頭脳の創造的活動を活発にする仕方はいろいろある。（　E　）自然科学系統では，実験をしながら，計算をしながら考えるという仕方が大きな比重をしめている。もっと一般的にいっても，書物や専門雑誌を読むよりも，他の学者たちとの会話，討論などを通じて思考活動を活発にする場合のほうが近ごろますます多くなってきた。

よかれあしかれ，読書の比重は小さくなってゆく運命にあるのかも知れない。しかし，そうなればなるほど，読書の楽しみは，ますます，珍重すべきものになる。本を読んでいるうちに，本のつくりだす世界に没入してしまえたら，それは大きな喜びである。本を読んでいるうちに，いつのまにか本をはなれて，自分なりの空想を勝手に発展させることができたら，これまた大いに楽しいことである。

（湯川秀樹『本の中の世界』）

(1)　空欄A～Eを補うのに適当な語を，次の中からそれぞれ選べ。

ア　特に
イ　別に
ウ　むしろ
エ　もちろん
オ　もともと

(2)　═══線部「条件反射的行為」の意味に最も近い用語を，本文中から抜き出して書け。

(3)　───線部①・②の内容を表す語句を，本文中からそれぞれ抜き出して書け。

(4)　次の中から，本文の内容に合致するものを2つ選べ。

ア　読書の楽しみは自分勝手に空想をほしいままにすることに尽きる。
イ　読書は頭脳のはたらきを活発にする方法である。
ウ　思想は知能の発達にともなって成長してゆくものである。
エ　科学文明は思考活動の発達をさまたげるものである。
オ　思考活動は他者と意見の交換をすることによって活発になる。

解答　(1)　A　ウ　　B　イ　　C　オ　　D　エ　　E　ア

(2)　日常的習慣

(3)　①　科学文明　　②　ものを考える機会や習慣

(4)　イ，オ

解説　(1)〈副詞の役割〉

A.「趣味的であるよりも，……条件反射的行為に近かった」という文脈から，「どちらかといえば」の意の「むしろ」が入る。

B.「不思議ではない」と後に打ち消しの表現があることに注目。「別に」の後には必ず打ち消しの語を伴う。

C．人はまず耳で聞く。これが自然なのであって，文字を目で追う行為はそもそも不自然ということ。「そもそも」に意味が近い「もともと」が入る。

D．「読書以外にも……いろいろある」ことは，「当然のこと」「言うまでもないこと」である。よって，「もちろん」が入る。

E．「頭脳の創造的活動を活発にする仕方」のうち，「自然科学系統」について取り上げているので，「特に」が入る。

(2)〈下線部把握〉

直後の文に，「それは食事をしたり，……日常的習慣になってしまっていた」とある。つまり，「それ＝日常的習慣」という構造である。「それ」は直前の「条件反射的行為」を指している。

(3)〈下線部把握〉

① 直前に「科学文明が進んだ結果」とある。

② 「科学文明」を生みだした「源泉の一つ」が「枯渇しそうになってきた」のである。この点を踏まえて，下線部前後を読むこと。前文の「困るのは……ものを考える機会や習慣がへらされることである」という内容を，「頭脳の創造的活動の源泉の一つが……枯渇しそうになってきた」と言い換えている。

(4)〈内容把握〉

ア．「読書の楽しみ＝自分勝手に空想をほしいままにすること」と断定・限定してはいない。本文末では，「本を読んでいるうちに，いつのまにか本をはなれて，自分なりの空想を勝手に発展させることができたら，これまた大いに楽しいことである」と述べている。「これまた」の表現が示すように，「本のつくりだす世界に没入」することも，読書の楽しみである。

イ．「読書以外にも，頭脳の創造的活動を活発にする仕方はいろいろある」とあることから，読書は頭脳のはたらきを活発にする方法の一つであることがわかる。

ウ．思想は，「言葉をつくりだし，文字をつくりだす」ことによって，「芽をふき，成長する」とある。

エ．「発達をさまたげる」とまでは述べられていない。

オ．「他の学者たちとの会話，討論などを通じて思考活動を活発にする」とある。

例題2 〈読解②〉

次の文章を読んで，後の問いに答えよ。

その惻々《そくそく》として悲しい声のうちに，菩提樹の念珠を手首にかけた丈草は，もとのごとく静かに席へ返って，あとには其角《きかく》や去来と向かいあっている支考が枕もとへ進み寄った。が，この皮肉屋をもって知られた東花坊には周囲の感情に誘い込まれて，いたずらに涙を落とすような繊弱な神経はなかったらしい。彼はいつものとおり浅黒い顔に，いつものとおり人をばかにしたような様子を浮かべて，さらにまたいつものとおり妙に横柄に構えながら，無造作に師匠のくちびるへ水を塗った。しかし彼といえどもこの場合，もちろん多少の感慨があったことは争われない。「野ざらしを心に風のしむ身かな」――師匠は四，五日前に，「かねては草を敷き，土を枕にして死ぬ自分と思ったが，こういう美しい蒲団の上で，往生の素懐を遂げることが出来るのは，何よりも喜ばしい。」と繰り返して自分たちに，礼を言われたことがある。が，実は枯れ野のただ中も，この花屋の裏座敷も，たいした相違があるわけではない。現にこうして，口をしめしている自分にしても，三，四日前までは，師匠に辞世の句がないのを気にかけていた。それから昨日は，師匠の発句を滅後に一集する計画を立てていた。最後に今日は，たった今まで，刻々臨終に近づいていく師匠を，どこかその経過に興味でもあるような，観察的な目で眺めていた。もう一歩進めて皮肉に考えれば，ことによるとその眺め方の背後には，他日自分の筆によって書かれるべき終焉記の一節さえ，予想されていなかったとは言えない。してみれば師匠の命終《めいじゅう》に侍しながら，自分の頭を支配しているものは，他門への名聞《みょうもん》，門弟たちの利害，あるいはまた自分一身の興味打算――みな直接垂死の師匠とは，関係のないことばかりである。だから師匠はやはり発句の中で，しばしば予想をたくましくしたとおり，限りない人生の枯れ野の中で，野ざらしになったと言ってさしつかえない。自分たち門弟はみな師匠の最後を悼まずに，師匠を失った自分たち自身を悼んでいる。枯れ野に窮死した先達を嘆かずに，薄暮に先達を失った自分たち自身を嘆いている。が，それを道徳的に非難してみたところで，本来薄情に出来上がった自分たち人間をどうしよう。――こういう厭世的な感慨に沈みながら，しかもそれに沈みうることを得意にしていた支考は，師匠のくちびるをしめし終わって，羽根楊子をもとの湯飲みへ返すと，涙にむせんでいる門弟たちを，あざけるようにじろりと見回して，おもむろにまた自分の席へ立ちもどった。

（芥川龍之介『枯野抄』）

(1) 下線部について，なぜ「たいした相違があるわけではない」と述べているのか。簡潔に説明せよ。

(2) 支考の心理状態について，最も適当なものを次の中から一つ選べ。

ア．嫌悪　イ．薄情　ウ．寂寥《せきりょう》　エ．悲嘆

(3) 本文の主題として最も適当なものを次の中から一つ選べ。

ア．師匠の死に臨んだときの，門弟たちの悲しみ。
イ．師匠の死に臨んだときの，支考の利己的な姿。
ウ．師匠の死に臨んだときの，丈草・其角・去来の姿。
エ．師匠の死に臨んだときの，真の人間の姿。

解答 (1) 師匠の命終に侍しながらも，自分たちの利害ばかりを考えている薄情な弟子に囲まれている状況は，枯野の中で独り死ぬのと変わらないから。

(2) イ　(3) イ

解説 (1)〈心情把握〉

花屋敷で弟子たちに囲まれている状態は，確かに土を枕にして死ぬ枯れ野の野ざらしとは異なる。しかし，弟子たちの心の中はどうか。17行目以降に，「師匠の命終に侍しながら，自分の頭を支配しているものは……師匠とは，関係のないことばかりである。だから師匠は……野ざらしになったと言ってさしつかえない」とある。

(2)〈心情把握〉

支考の心理描写は，8行目の「師匠は四，五日前に，……」から，最後から数えて5行目までである。この描写の最後の部分に，「本来薄情に出来上がった自分たち人間をどうしよう」とある。

(3)〈主題のとらえ方〉

ア．「門弟はみな師匠の最後を悼まずに，師匠を失った自分たち自身を悼んでいる」とある。

イ．8行目から，最後から5行目までに，支考の心理が述べられており，そこには彼の利己的な考えが全面的に表れている。

ウ．「丈草・其角・去来の姿」については，本文では述べられていない。主に支考が描写されている。

エ．支考の利己的な姿を，「真の人間の姿」と一般化して，読み取ることはできない。

2 古文

(1) 現代語と異なる意味を持つ語

単語	意味	例文
あさまし	**①驚きあきれる** ②意外だ	①言ひ返すべうもあらず**あさまし**。 (返答もできないほど**あきれたものだ**。)
あはれなり	**しみじみとした趣がある**	いみじう**あはれに**をかしけれ。 (たいそう**しみじみとして趣がある**)
おどろく	**①目が覚める** ②はっと気がつく	①うち**おどろき**て，夢なりけりとおぼす程… (ふと**目が覚めて**，今のは夢だったのだなぁとお思いになると……)
こころもとなし	**①不安で気がかりだ** ②じれったい	①**こころもとなき**日数重なるままに，… (**不安で気がかりな**日数が過ぎていくうちに，…)
すさまじ	**①興ざめだ** ②殺風景だ	①**すさまじき**もの，昼ほゆる犬。 (**興ざめするもの**，昼ほえる犬)
つとめて	**①早朝** **②翌朝**	①冬は**つとめて**，雪の降りたるはいふべきにもあらず。 (冬は**早朝**に趣があり，雪の降っている様は言いようもないほどよい。)
ねんず	**①じっと我慢する** ②心の中で祈る	①しばらくこそ**念じ**てもゐたれ，…… (しばらくの間は**じっと我慢をして**いたが…)
ののしる	**①大声で騒ぐ** ②評判が高くなる	①ことごとしく**ののしり**て，…… (おおげさに**大騒ぎをして**，……)
やがて	**①すぐに** **②そのまま**	②言ひたきままに語りなして，筆にも書きとめぬれば**やがて**定まりぬ。 (言いたい放題にしゃべり散らして，書きとめてしまうと**そのまま**事実として定まってしまう。)
をかし	**風情がある**	ほのかにうち光りて行くも**をかし**。 (かすかに光って飛んで行くのも**風情がある**。)

(2) 古文特有の語

単語	意味	例文
いと	たいそう	**いと**ちひさく… (**たいそう**小さい…)
いみじ	①**はなはだしい** ②すぐれている	①**いみじう**くちをしけれ (**はなはだしく**残念な気がする)
まかる **↔まゐる**	**退出する** **↔参上する**	今はまからむ…… (もう退出しましょう……)
ゆかし	**見たい，聞きたい，** **行きたい，知りたい** **(好奇心がもたれる)**	何事かありけむ，**ゆかしかり**しかど…… (**行ってみたかった**が……)

(3) 慣用表現・重要表現

① 陳述の副詞

A．打消の用法　**え(つゆ)～ず　(少しも)～でない**

えもいはず　(言うことができない)

B．禁止の用法　**な～そ**

な言ひそ　(言うな)

② 係り結びの法則

ぞ・なむ・や・か・こそがあるとき，文の結びが一定の呼応をする。

〈係り〉　〈結び〉

ぞ・なむ(強意) ─┐
や・か(疑問・反語) ─┴─ **連体形**

こそ(強意) ── **已然形**

例 花[ぞ]咲きける…**連体形**

(4) 敬語

① **尊敬語**：相手の行為を直接敬う語　**例** **のたまふ，おはす**

② **謙譲語**：自分がへりくだって相手を敬う語　**例** **たてまつる，まゐる**

③ **丁寧語**：相手への丁寧な気持ちを表す語　**例** **はべり，さぶらふ**

(5) 季節および月の古称

		異名	二十四節気	雑節
	1月——睦月《むつき》	孟春，初春月	立春（2月4日） 雨水（2月19日）	節分
春	2月——如月《きさらぎ》	仲春，初花月	啓蟄《けいちつ》（3月6日） 春分（3月21日）	彼岸
	3月——弥生《やよひ》	季春，花見月	清明（4月5日） 穀雨（4月20日）	土用
	4月——卯月《うづき》	孟夏，卯花《うのはな》月	立夏（5月6日） 小満（5月21日）	八十八夜
夏	5月——皐月《さつき》	仲夏，早苗月	芒種《ぼうしゅ》（6月6日） 夏至《げし》（6月22日）	入梅
	6月——水無月《みなつき》	季夏，常夏《とこなつ》月	小暑（7月8日） 大暑（7月23日）	半夏生《はんげしょう》，土用
	7月——文月《ふみづき》	孟秋，棚機《たなばた》月	立秋（8月8日） 処暑（8月24日）	二百十日
秋	8月——葉月《はづき》	仲秋，月見月	白露（9月8日） 秋分（9月23日）	彼岸
	9月——長月《ながつき》	季秋，紅葉月	寒露（10月9日） 霜降《そうこう》（10月24日）	土用
	10月——神無月《かんなづき》	孟冬，時雨《しぐれ》月	立冬（11月8日） 小雪（11月23日）	
冬	11月——霜月《しもつき》	仲冬，霜降月	大雪（12月8日） 冬至《とうじ》（12月22日）	
	12月——師走《しはす》	季冬，春待月	小寒（1月6日） 大寒（1月20日）	土用

※（ ）内は太陽暦の目安日

雑節…二十四節気以外に季節の目安として暦に用いられているもの。

また，4月を「麦秋」，8月を「竹春」，10月を「小春《こはる》」，ともいう。

(6) 十二支による時刻と方位

古時刻

定時法…一日を十二等分して「一刻」とし，さらに四等分して「丑三つ（＝午前二時）」というように用いた。

不定時法…日の出を「明け六つ」，日の入を「暮れ六つ」として，それぞれの間を六等分した。

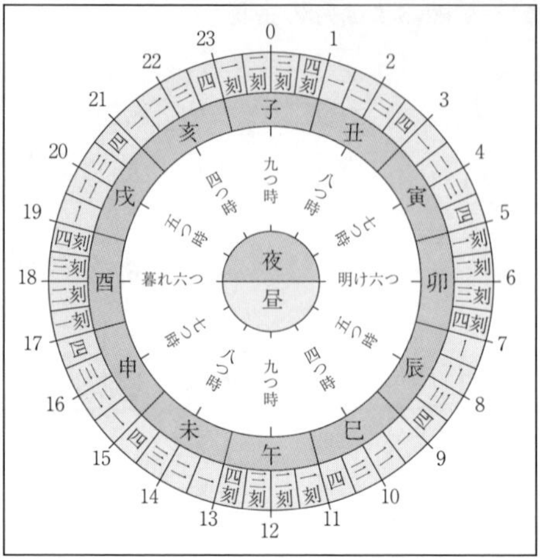

定時法

古方位：東西南北に「艮・巽・坤・乾」を加えた八方位が用いられた。陰陽道では，艮（北東）を「鬼門」，坤（南西）を「裏鬼門」といい，避けるべき方角とされた。

方違《かたたが》え：忌避すべき方角（方塞がり）へ外出する際には前もって他の方角の家に泊まり，方角を変えて出掛ける風習があった。

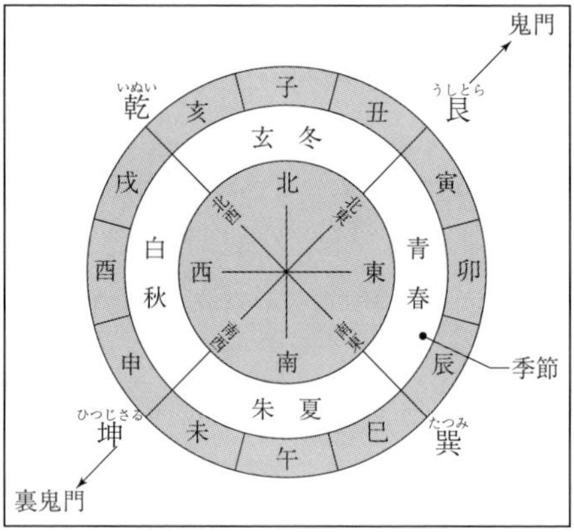

方位

3 漢文・漢詩

(1) 返り点

① **レ点**

下の一字を先に読む

例 [2] [1]
書ク㆑文ヲ。
(文を書く。)

② **一・二点**

下の二字以上を先に読み、上に戻る。

例 [3] [1] [2]
望ム㆓山月ヲ㆒。
(山月を望む。)

③ **上・下点**

間に一、二点をはさんで、さらに上に返る。

例 [5] [3] [1] [2] [4]
有リ㆘売ル㆓鳥獣ヲ㆒者㆖。
(鳥獣を売る者有り。)

(2) 漢文独特の表現

A．再読文字

① **未《いまダ》《ず》**

未ダ㆑果タサ㆓約束ヲ㆒。

② **将《まさニ》《す》(＝且ニ《す》)**

将ニ㆑送ラント㆑君ヲ。

B．使役

使《し》ム㆓AヲシテB㆒(セ)。

天帝使ム㆔我ヲシテ長タラ㆓百獣ニ㆒。

C．疑問と反語

誰カ知ルヤ㆑之ヲ。 ➡疑問

誰カ知ランヤ㆑之ヲ。 ➡反語

A．再読文字

① いまダ～ず(まだ～していない)

例 未だ約束を果たさず。(まだ約束を果たしていない)

② まさニ～す(これから～しようとする)

例 将に君を送らんとす。(これから君を送ろうとしている)

B．使役……使役の助動詞「**使・令・教・遣**」を用いる形

AヲシテB(セ)しム(AにBさせる)

例 天帝我をして百獣に長たらしむ。(天帝が私を百獣の王にさせた)

C．疑問と反語

疑問なら文末は，連体形＋（ヤ・カ）

例　誰か之を知るや。（誰がこれを知っているだろうか）

反語なら文末は，未然形＋ン（ンヤ）

例　誰か之を知らんや。（誰がこれを知っているだろうか。いや，誰も知らない）

(3)　漢詩の形式

漢詩は，唐代以前に詩型が確立した**古体詩**と，唐代以降に確立した**近体詩**がある。特に，近体詩は句数や押韻などの規則が厳しい。近体詩の形式は主に**絶句**と**律詩**に分類できる。絶句は句数が四句で，一句が5字のものを**五言絶句**，7字のものを**七言絶句**という。一方，律詩は句数が八句で，一句が5字のものを**五言律詩**，7字のものを**七言律詩**という。

(4)　近体詩の規則

①　**押韻**：句末を同じ母音を持つ漢字で揃えること。

例　会（k<u>ai</u>）　体（t<u>ai</u>）

・五言詩：偶数句の末尾

・七言詩：第一句と偶数句の末尾

②　対句：二つの句の字数や文法的構造，句の意味が同じで関連をもつ。

(5)　漢詩の鑑賞

五言絶句

鹿柴《ろくさい》　　王維《おうい》

四句（行）　**五言（字）**

空山不レ見レ人ヲ
但ダ聞ク二人語ノ響キヲ一
返景入リ二深林ニ一
復タ照ラス二青苔ノ上ヲ一

〈書き下し文〉

空山《くうざん》人を見ず
但だ人語の響きを聞く
返景深林《へんけいしんりん》に入り
復た青苔《せいたい》の上を照らす

〈押韻〉

響（きょう）
上（じょう）

通釈：ひっそりとした山には，人影も見えない
ただ人の話し声だけが，どこからか響いてくる
夕日の照りかえしが長々とこの深林にさしこんできて
青々とした苔の上にもまた，光の影を落としている

(6) 唐代の詩人

盛唐：**李白**（**詩仙**と称される）・**杜甫**（**詩聖**と称される）・孟浩然・王維
中唐：**白居易**・韓愈・柳宗元

4 和歌・俳句

(1) 和歌

和歌は，普通，**五・七・五・七・七**の三十一文字で構成されるが，そこには特有のリズムや技巧が存在する。

① 句切れ

意味や調子の切れ目。句切れのないものもある。二句切れ，四句切れの和歌は五七調といい，初句切れ，三句切れの和歌を七五調という。

五		七		五		七		七
	↑		↑		↑		↑	
	初句切れ		二句切れ		三句切れ		四句切れ	

② 枕詞

ある語を導き出すためにおかれる修辞的な語。普通，五音からなり，訳さない。

主な枕詞

茜さす	→	日・紫・君	秋津島	→	大和
足引きの	→	山	梓弓《あづさゆみ》	→	引く・張る（春）
新玉《あらたま》の	→	年・日・春	青《あを》丹《に》よし	→	奈良
石《いそ》の上《かみ》	→	古・振る・降る	石走る《いはばし》（岩走る）	→	垂水・滝
空蟬《うつせみ》の	→	命・世・人	唐衣《からころも》	→	着る・裁つ・紐
草枕	→	旅・仮・むすぶ	黒髪の	→	乱る・長し・別れ
白妙《しろたへ》の	→	衣・袖・雲	玉の緒の	→	絶ゆ・命
垂《たら》乳《ち》根《ね》の	→	母・親	千《ち》早《はや》振《ぶ》る	→	神
烏玉《ぬ(う)ばたま》の	→	黒・闇・夜	久方《ひさかた》の	→	天・日・光

③ 序詞

ある語を導き出すためにおかれる修辞的なものだが，音数が不定であり，受ける言葉も決まっていないところが枕詞と異なる。

例 あしひきの　山鳥の尾の　しだり尾の
ながながし夜を　ひとりかも寝む　（『万葉集』）

④　**掛詞**

ひとつの言葉に二重の意味を重ねて用いる方法。

例　風吹けば　沖つ白波　たつた山　夜半にや君が　ひとり越ゆらむ

（『伊勢物語』『古今和歌集』）

⟶　「たつ」に「白波が立つ」と「龍田山」を掛けている。

⑤　**縁語**

ある語句に基づき，関連のある語を意識的に並べる方法。

例　すずか山　浮世をよそに　ふりすてて

いかになり行く　我が身なるらむ　（『新古今和歌集』）

⟶　「鈴」「ふり（振る）」「なり（鳴る）」が縁語

〈必須和歌・短歌〉

万葉集	石走る垂水《たるみ》の上のさわらびの萌えいづる春になりにけるかも	志貴皇子《しきのみこ》
	あかねさす紫野行き標野《しめの》行き野守《のもり》は見ずや君が袖振る	額田王《ぬかたのおおきみ》
	熟田津《にきたつ》に船乗りせむと月待てば潮《しほ》もかなひぬ今は漕ぎ出でな	
	東《ひむがし》の野に炎の立つ見えてかへり見すれば月傾《かたぶ》きぬ	柿本人麻呂
	あしびきの山鳥の尾のしだり尾のながながし夜をひとりかも寝む	
	田子の浦ゆうち出でて見れば真白にぞ富士の高嶺《たかね》に雪は降りける	山部赤人
古今和歌集	花の色は移りにけりないたづらに我が身世にふるながめせしまに	小野小町
	思ひつつぬればや人の見えつらむ夢と知りせばさめざらましを	
	世の中に絶えて桜のなかりせば春の心はのどけからまし	在原業平
	秋来《き》ぬと目にはさやかに見えねども風の音にぞおどろかれぬる	藤原敏行
	春の夜のやみはあやなし梅の花色こそ見えね香やはかくるる	凡河内躬恒《おおしこうちのみつね》
新古今和歌集	さびしさはその色としもなかりけりまき立つ山の秋の夕暮れ	寂蓮
	心なき身にもあはれは知られけり鴫《しぎ》立つ沢の秋の夕暮れ	西行
	見渡せば花も紅葉《もみぢ》もなかりけり浦の苫屋《とまや》の秋の夕暮れ	藤原定家

※三夕《さんせき》の歌…新古今和歌集に収められている上記の3首。秋の夕暮れのものがなしさを歌った。

正岡子規	くれなゐの二尺伸びたる薔薇の芽の針やはらかに春雨の降る
	いちはつの花咲き出でて我目には今年ばかりの春いかんとす
与謝野晶子	海恋し潮の遠鳴りかぞへては少女となりし父母の家
	清水へ祇園をよぎる桜月夜こよひ逢ふ人みなうつくしき
石川啄木	たはむれに母を背負ひてそのあまり軽きに泣きて三歩あゆまず
	不来方《こずかた》のお城の草に寝ころびて空に吸はれし十五の心
	ふるさとの訛《なまり》なつかし停車場の人ごみの中にそを聴きにゆく
長塚節《たかし》	馬追虫《うまおひ》の髭《ひげ》のそよろに来る秋はまなこを閉ぢて想ひみるべし
北原白秋	草わかば色鉛筆の赤き粉の散るがいとしく寝て削るなり
斎藤茂吉	みちのくの母の命を一目見ん一目見んとぞただにいそげる
	のど赤き玄鳥《つばくらめ》ふたつ屋梁《はり》にゐて足乳根《たらちね》の母は死にたまふなり
若山牧水	白鳥は哀しからずや空の青海のあをにも染まずただよふ

(2) 俳句

俳句はふつう，**五・七・五**の十七字から成り，修辞的には短歌に準じるが季節感を表すための季語が必ず読み込まれている。

① 句切れ

句切れの基準は短歌とほぼ同じだが，中の句（「七」の部分）の途中で切れる「中間切れ」が存在する。

② 切れ字

句の中で，内容や意味を途中で区切る語。感動・詠嘆を表す終助詞と助動詞がそれに当たる。

終助詞……ぞ，かな，や

助動詞……けり，ず，ぬ，らむ

例　梅が香にのつと日の出る山路**かな**

③ 破格

五・七・五の定型を外れたものを，破格という。破格には**字余り**と**字足らず**がある。

④　季語

季語は季節感を出すために必ず読み込まれるもので，季語がどの季節に属するかは規定されている。

	時候・天文	植物・動物	生活・行事
新年	元日・初春《はつはる》・初日・松の内	若菜・福寿草・初雀	独楽《こま》・雑煮《ぞうに》・初夢・門松《かどまつ》
春（1～3月）	早春・行春《ゆくはる》・霞《かすみ》・余寒・陽炎《かげろう》・八十八夜・雪解け・残る雪・東風	馬酔木《あしび》・菜の花・桜・菫《すみれ》・椿・梅・雀の子・蛙・雲雀《ひばり》	茶摘み・花見・雛《ひな》・種蒔《ま》き
夏（4～6月）	五月雨《さみだれ》・涼風・虹・雲海《うんかい》・秋近し・夕焼け・夕立・梅雨	紫陽花《あじさい》・葵・若葉・鮎・菖蒲《しょうぶ》・蓮《はす》・牡丹《ぼたん》・万緑・雨蛙《あまがえる》・時鳥《ほととぎす》・蟬《せみ》・蠅	田植え・祭・打水・新茶・浴衣《ゆかた》
秋（7～9月）	秋深し・残暑・夜長・天の川・十六夜《いざよい》・稲妻・鰯雲《いわしぐも》・野分《のわき》・月夜	朝顔・柿・桔梗《ききょう》・菊・糸瓜《へちま》・桐一葉・梨・啄木鳥《きつつき》・蜻蛉《とんぼ》・すすき	稲刈り・七夕・月見・盆
冬（10～12月）	大晦日《おおみそか》・寒の入り・小春（日和）・節分・年の暮・時雨《しぐれ》	落ち葉・山茶花《さざんか》・大根・水仙・水鳥・千鳥	蒲団・年忘れ・咳の子

〈必須俳句〉

①　古典俳諧

作者	俳句（※太字は季語）	季節
松尾芭蕉	古池や**蛙**《かはづ》飛びこむ水の音	春
	草の戸も住み替る代ぞ**雛**の家	春
	閑《しづか》さや岩にしみ入る**蟬**の声	夏
	五月雨《さみだれ》をあつめて早し最上川《もがみがは》	夏
	名月や池をめぐりて夜もすがら	秋
	野ざらしを心に**風のしむ身**かな	秋
	旅に病んで夢は**枯野**をかけめぐる	冬

与謝蕪村	**菜の花**や月は東に日は西に	春
	春の海終日《ひねもす》のたりのたりかな	春
	牡丹《ぼたん》散りて打ちかさなりぬ二三片	夏
	月天心貧しき町を通りけり	秋
小林一茶	**雀の子**そこのけそこのけ御馬が通る	春
	痩**蛙**《やせがへる》まけるな一茶これにあり	春
	やれ打つな**蠅**が手を摺《す》り足をする	夏
山口素堂	目には**青葉山ほととぎす初松《はつがつ》魚《を》**	夏
千代女	**朝顔**につるべとられてもらひ水	秋

② **近代俳句**

作者	俳句（※太字は季語）	季節
正岡子規	**雪残る** 頂《いただき》一つ国境《くにざかひ》	春
	糸瓜《へちま》咲いて痰《たん》のつまりし仏かな	秋
	柿くへば鐘が鳴るなり法隆寺	秋
高浜虚子	**桐一葉**日当りながら落ちにけり	秋
	流れゆく**大根**の葉の早さかな	冬
	遠山に日の当りたる**枯野**かな	冬
山口誓子	**流氷**や宗谷の門波荒れやまず	春
中村草田男	**万緑**の中や吾子《あこ》の歯生え初むる	夏
飯田蛇笏《だこつ》	**いわし雲**大いなる瀬をさかのぼる	秋
河東碧《かわひがしへき》梧桐《ごとう》	赤い**椿**白い**椿**と落ちにけり	春

③ 自由律俳句

種田山頭火《たねださんとうか》	分け入つても分け入つても青い山
	あるけばかつこういそげばかつこう
尾崎放哉《ほうさい》	咳《せき》をしても一人

確認問題

17 次の文を読んで各問いに答えよ。

仁和寺にある法師，年寄るまで石清水を拝まざりければ，心うく覚えて，或る時思ひ立ちて，ただひとり1かちよりまうでけり。極楽寺，高良などを拝みて，かばかりと心得て帰りにけり。さてかたへの人にあひて，「年頃思ひつることは果たし侍りぬ。聞きしにも過ぎて尊くこそ1おはしけり。そも，参りたる人ごとに山へ登りしは，何事かありけむ。2ゆかしかりしかど，神へ参るこそ本意なれと思ひて，山までは見ず」とぞ2いひけり。

少しのことにも，先達はあらまほしきことなり。

(1) 下線部1・2を口語訳せよ。

(2) 波線部1・2を正しい形に直せ。

(3) 二重線部「年頃思ひつること」とはどのようなことか。次から選べ。

① 極楽寺・高良社を拝むこと

② 道の案内役になること

③ 石清水八幡宮を参拝すること

④ 一人で仁和寺を切り盛りすること

18 次の和歌と作者の組み合わせで誤っているものを選べ。

① 人はいさ心も知らずふるさとは花ぞ昔の香に匂ひける（紀貫之）

② これやこの行くも帰るも別れては知るも知らぬも逢坂の関（蝉丸）

③ あしびきの山鳥の尾のしだり尾のながながし夜をひとりかも寝む（山部赤人）

④ 花の色はうつりにけりないたづらに我が身世にふるながめせしまに（小野小町）

⑤ 熟田津に船乗りせむと月待てば潮もかなひぬ今は漕ぎ出でな（額田王）

19 次の俳句のうち，与謝蕪村の句を選べ。

① 菜の花や月は東に日は西に

② 雀の子そこのけそこのけ御馬が通る

③ 夏草や兵どもが夢の跡

④ 目には青葉山ほととぎす初松魚

⑤ 朝顔につるべとられてもらひ水

4 文学史

●ポイント

日本文学史は，出題頻度が高い重要分野であるとともに，知識がすべてであることから，覚えていないと解くことができない。古典や近現代の主要作品を中心に出題されており，特に，近現代の主要な作者の主義（派）・代表作品に注意しよう。代表作品の冒頭部分や登場人物，あらすじから，作品名や作者名を問う問題がよくみられるので，日頃から主要な作品に目を通しておくことが肝要である。

1　日本文学

(1)　大和・奈良時代

この時代は，我が国の文学が伝承（口承）文学から，記載文学へと推移していった時期である。特に，隋唐文化の流入や国家体制の確立から地誌などが編纂された。

作品	特徴
古事記	712年成立。元明天皇の命により太安万侶《おおのやすまろ》が撰録。全3巻。神話・伝説を多く収録。現存する日本最古の文学的史書。
日本書紀	720年成立。編者は舎人《とねり》親王。歴史書。国の初めから持統天皇までの歴史・神話・伝説などを収録。全30巻。編年体。

①　勅撰和歌集

八代集

1．**古今和歌集**——**紀貫之**らの撰
2．後撰和歌集——梨壺の5人（源《みなもとの》　順《したごう》ら）撰
3．拾遺和歌集——花山院か藤原公任《きんとう》撰

（1～3：三代集）

4．後拾遺和歌集——藤原通俊《みちとし》撰
5．金葉《きんよう》和歌集——源俊頼《としより》撰
6．詞花《しか》和歌集——藤原顕輔《あきすけ》撰
7．**千載《せんざい》和歌集**——**藤原俊成《しゅんぜい》**撰
8．**新古今和歌集**——**藤原定家《ていか》**らの撰

② 三大歌集

	万葉集	古今和歌集	新古今和歌集
成立	760年頃(**奈良**時代)	905年頃(**平安**時代)	1205年(**鎌倉**時代)
編者・撰者	**大伴家持《やかもち》**(が中心といわれる)	**紀貫之**・紀友則《とものり》・凡河内躬恒《おおしこうちのみつね》・壬生忠岑《みぶのただみね》	**藤原定家**・藤原家隆・藤原有家・藤原雅経《まさつね》・源通具《みちとも》・寂蓮《じゃくれん》
巻数	20巻	20巻	20巻
歌数	約4,500首	約1,100首	約2,000首
歌体	短歌(五七五七七) 長歌(五七五七…五七七) 旋頭歌《せどうか》(五七七五七七) など	短歌・長歌・旋頭歌	短歌のみ
部立	相聞＝恋歌・贈答歌 挽歌＝人の死を悼む 雑歌＝相聞，挽歌以外の歌，**東歌《あずまうた》**，**防人《さきもり》の歌**	四季・賀・離別・羇旅・恋などに分類	『古今集』とほぼ同じ部立
特徴・歌風	直情的・**男性的**・素朴・雄大「**ますらをぶり**」。**五七調**，二句・四句切れ	理知的・技巧的・**女性的**・**繊細優美**「**たをやめぶり**」。**七五調**，三句切れ	体言止め・本歌取りが多い。**幽玄**・**有心《うしん》体**・絵画的。**七五調**，初句・三句切れ

※六歌仙(古今和歌集のころ活躍)
在原業平《ありわらのなりひら》・小野小町・僧正遍昭《そうじょうへんじょう》・文屋康秀《ふんやのやすひで》・大伴黒主《くろぬし》・喜撰《きせん》法師

(2) 平安時代

貴族階級が政治や文化をリードし，様々な物語や和歌集の成立が見られる。特に，和歌は興隆の勢いを見せた。また，この時期には仮名文学が流行し，多くの女性作家が活躍した。しかし，平安時代も後期にさしかかると，摂関政治の衰退から院政へと時代は推移し，歴史物語や説話文学が開花する。

作品名	作者	ジャンル	特徴
竹取物語	不明	作り物語	901年以前に成立。現存最古の物語「竹取の翁《おきな》の物語」「かぐや姫の物語」として知られている。
土佐日記	**紀貫之**	日記	935年頃成立。我が国初の男性による仮名日記。当時は男性は漢字，女性は仮名で書くことが普通であったことから，女性に仮託して書かれている。
伊勢物語	不明	歌物語	在原業平と思われる男の「初冠《ういこうぶり》」から「臨終《りんじゅう》」までを描いた一代記。「昔男ありけり」で始まる章段が多い。
蜻蛉《かげろう》日記	藤原 道綱母	日記	我が国最初の女流文学日記。一夫多妻時代の女性の苦悩を描く自伝的日記。
枕草子	**清少納言**	随筆	1001年頃成立。我が国最初の随筆。約300段。一条天皇の中宮定子に仕え，宮中生活での見聞や評言を自由に綴る。「をかし」の文学。
源氏物語	**紫式部**	物語	1008年頃成立。54帖から成る。一条天皇の中宮彰子に仕えた。光源氏を中心に貴族社会の女性との愛の遍歴を描いた物語。「もののあはれ」が源氏物語の本質を表現している。
栄華(花) 物語	不明	歴史物語	宇多天皇から堀河天皇まで約200年に及ぶ歴史の中で，藤原道長の栄華を賛美して描いた物語。編年体。
更級日記	**菅原《すがわらの》 孝標女《たかすえのむすめ》**	日記	少女期から老境にいたるまでの約40年間の人生で抱いた夢と憧れを回想的・浪漫的に綴った日記。
今昔 物語集	不明	説話集	12世紀前半に成立。現存最大の説話集。すべて「今は昔」という書き出し。和漢混交文で書かれている。(芥川龍之介の『羅生門』『鼻』などの素材となる。)
大鏡	不明	歴史物語	平安後期に成立。紀伝体。藤原道長の栄華を中心に政治の表裏を批判的に描く。『今鏡』『水鏡』『増鏡』と合わせ「四鏡」という。
梁塵《りょうじん》秘《ひ》抄《しょう》	−	歌詞集	平安後期に成立。撰者は後白河法皇。一条天皇の頃からの今様歌謡を集めたものである。

(3) 鎌倉・室町時代

鎌倉・室町時代は，貴族文化から庶民文化への大きな転換期である。いわゆる武家文化が台頭し，伝統的な和歌・物語が衰退する一方で軍記物語が主流をなすようになってきた。また，この時代は戦乱で世相の転換がめまぐるしいことから，「無常観」を根底にした作品が多い。

作品名	作者・撰者	ジャンル	特徴
方丈記	**鴨長明**	随筆	1212年成立。仏教的無常観で貫かれている。和漢混交文。
金槐和歌集	源実朝《さねとも》	私家集	藤原定家に歌の指導を受け，新古今調の歌が多数を占めるが，万葉調の力強い和歌も交じっている。
平家物語	不明	軍記物語	平家一家の栄枯盛衰の物語。全編を貫く精神は人生の無常観という仏教思想。琵琶法師により，「**平曲**」として語られる。
宇治拾遺物語	不明	説話集	「今は昔」「昔」で始まる書き出しが多く，半分ほどは今昔物語集と同じである。当時の人々の生活や人間性が描かれている。
十訓抄	不明	説話集	『日本書紀』などの物語から教訓的な話を集めたもの。
十六夜日記	阿仏尼《あぶつに》	日記	紀行日記。土地の訴訟のため鎌倉へ下ったときの道中と鎌倉滞在中の日記。
徒然草	**兼好法師(吉田兼好)**	随筆	1331年頃成立。『枕草子』『方丈記』と並ぶ我が国三大随筆。243段。和文と和漢混交文。当時の世相に対する意見や主張，人生観，無常観などを表現。
菟玖波集《つくば》	二条良基ら	連歌集	最初の準勅撰連歌集。二条良基が救済の協力で編集。14世紀に入ると連歌が人気を博す。この編集により連歌が和歌と並ぶ文芸として確立。
風姿花伝	**世阿弥《ぜあみ》**	能芸論書	『**花伝書**』とも呼ぶ。我が国最古の演劇論書。「花」を美的理論とする。
新撰菟玖波集	宗祇《そうぎ》ら	連歌集	室町時代の連歌最盛期を代表する作品。

※連歌…短歌を上の句と下の句に分け，2人が詠み合わせて1首とするもの。

(4) 江戸時代

江戸時代は武士や僧侶に代わって，町人が権力を握った時代である。印刷技術の進歩に伴い，読み物・川柳・狂歌・浄瑠璃・歌舞伎などの新文学が起こった。しかし，これらの町人文化の隆盛が見られる一方で古典研究に目覚める流れも見られ，国学が大成された。

① 俳諧…三大俳人

作者	特徴・代表作品
松尾芭蕉	【蕉風】蕉風俳諧を確立。人生と自然との融合を図り，「不易流行」「さび」の精神を根底におく。 **『奥の細道』**：長旅の過程で風雅な世界につながりを見出そうとし，不易流行の基を形成。 『笈《おい》の小文《こぶみ》』**『野ざらし紀行』**『更科紀行』
与謝蕪村	【天明調】客観的描写を基調とし，浪漫的・絵画的な作風。『新花摘』
小林一茶	【化政調】生活感と人間味に溢れる句を発表する。個性的・庶民的な作風。 **『おらが春』**

② 国学

作者	特徴・代表作品
契沖	『万葉代匠記』：『万葉集』の注釈書。国学成立の基礎を築いた。
賀茂真淵	『万葉考』：「ますらをぶり」を主張。国学を確立した。
本居宣長	**『古事記伝』**：国学を完成。日本古来の考え方に基づき，古典を解明。 『源氏物語玉の小櫛《おぐし》』：『源氏物語』の注釈書。源氏物語の本質を「もののあはれ」とした。その他，『玉勝間』(随筆)など。

③ 小説

作者	代表作品
井原西鶴	**【浮世草子】**好色物：『**好色一代男**』『好色五人女』武家物：『武道伝来記』 町人物：『**日本永代蔵**』『**世間胸算用**』
上田秋成	【読本】『**雨月物語**』
滝沢馬琴	【読本】『**南総里見八犬伝**』『椿説弓張月』
十返舎一九	【滑稽本】『**東海道中膝栗毛**』
為永春水	【人情本】『春色梅児誉美』

※浮世草子…主として好色的な生活を描いた風俗小説。

④ 劇文学

作者	特徴・代表作品
近松門左衛門	浄瑠璃に三味線の伴奏を加え，人形を操って舞台劇を完成させた。時代物（義の精神を主張した作品）と世話物（町人の現実生活に題材を求めた作品）などの作品を中心として，義理と人情の絡み合いを描いた。 時代物：『出世景清』『**国性爺合戦**』世話物：『**曾根崎心中**』『冥途の飛脚』『心中天の網島』『女殺油地獄』
鶴屋南北	文化・文政期を代表する作家で，現存する歌舞伎の形にまで盛り上げた。 『東海道四谷怪談』

(5) 明治・大正・昭和時代

日本の近代文学のはじまりは，坪内逍遙の『小説神髄』，言文一致体を用いた二葉亭四迷の『浮雲』にあるといわれている。その後，日本文学は小説・俳句・短歌・新体詩・文芸評論など画期的な発展を遂げた。

① 写実主義…現実を尊重し，ありのままに描写する立場。

作者	代表作品	特徴
坪内逍遙	『**小説神髄**』	これまでの勧善懲悪主義を排し，写実主義を主張。
二葉亭四迷	『**浮雲**』	我が国初の言文一致体を試みた小説。その他，ロシア文学の翻訳『あひびき』などで知られる。

② 擬古典主義…行き過ぎた欧化傾向を反省し，西鶴らの元禄文化を見直す立場。

作者	代表作品	特徴
尾崎紅葉	**『金色夜叉』**	財力が権力をふるう時代背景を描写。尾崎紅葉は我が国初の文学結社である硯友《けんゆう》社を結成。機関誌「我楽多文庫」を創刊。
幸田露伴	**『五重塔』**	伝統的な精神や恋の美しさを描写。

③ 浪漫主義…個性や自我の解放を感性の方向に求めた文学傾向。

作者	代表作品	特徴
森鷗外	**『舞姫』**	自身のドイツ留学体験をもとに，エリート青年の近代的自我のめざめと挫折の姿を描いた小説。
泉鏡花	『高野聖』	修行僧の神秘と怪異に満ちた浪漫趣味の小説。
樋口一葉	『たけくらべ』	吉原竜泉寺町を舞台に少年少女の淡い恋を描いた作品。他に『大つごもり』『**にごりえ**』など。
徳冨蘆花	『不如帰《ほととぎす》』	悲恋小説。
国木田独歩	**『武蔵野』**	詩的散文の短編小説。武蔵野の面影を残す近郊の風物を新鮮な感覚で描写。

④ 自然主義…空想を捨て，現実をありのままに直視する文学。

作者	代表作品	特徴
島崎藤村	**『夜明け前』**	父をモデルとする主人公の悲劇的な生涯を中心に明治維新前後の時代の苦悩を描いた歴史小説。
	『破戒』	未解放地域出身の教師瀬川丑松を主人公とした人権社会問題を描く長編小説。
田山花袋	**『蒲団』** 『田舎教師』	自己の体験を小説化。私小説の流れを作る。

⑤　反自然主義…人間の醜悪な面を描く自然主義に対抗する立場。

ジャンル	作者	作品・特徴
【余裕派（高踏派）】 感情を抑制し，対象に距離を置いて客観的に表現しようとした流派。	**森鷗外**	**【作風】**ドイツに留学。初期の浪漫主義的な作風から個人主義を追究し，近代人の悩みを描く作風へと変化。 『雁』：薄幸な女性の自我の目覚めと挫折を描いた作品。 **『阿部一族』『山椒大夫』『高瀬舟』**（すべて歴史小説）
	夏目漱石	**【作風】**イギリスに留学。初期のユーモアと社会風刺の作風から権力批判や人間のエゴイズムを追求する作風へと変化。以下の代表作の他に『**それから**』『**門**』『**明暗**』など。 『**吾輩は猫である**』：人間を猫の目から風刺的に描いた小説。 『**草枕**』：短編小説。非人情の世界に憧れた青年画家が才気鋭い女性に会う。 『**三四郎**』：小説。小川三四郎の精神的成長を主題とする。 『**こころ**』：小説。三角関係を中心にエゴイズムや孤独を追求。
【耽美派】 美の追求に力を注ぐ流派。	**永井荷風**	『あめりか物語』『ふらんす物語』
	谷崎潤一郎	『**細雪**』：大阪の富裕商家の四人姉妹の生き方を描いた小説。 『**春琴抄**』『**刺青**』『痴人の愛』（すべて小説）
【白樺派】 自然主義に対して人道主義・理想主義を貫く流派。	**武者小路実篤**	**【作風】**雑誌「白樺」を創刊。自我肯定の思想から，人道主義的・人類愛に満ちたものに変化。 『お目出たき人』『**友情**』『幸福者』『或る男』
	志賀直哉	**【作風】**リアリズムに徹し，簡潔かつ正確に描かれた作品が多い。「小説の神様」とよばれる。 『**城の崎にて**』『和解』『**暗夜行路**』『**小僧の神様**』
	有島武郎	『**或る女**』『カインの末裔』『**生まれ出づる悩み**』『小さき者へ』（小説） 『惜しみなく愛は奪ふ』（評論）
【新思潮派（新現実主義）】 理知によって人間の真の姿をとらえようとした流派。	**芥川龍之介**	**【作風】**初期は古典作品の主人公の心理を理知的に解釈。後に自伝的小説を書くようになるが，この時期には時代や自己に対する悩みが色濃く残されている。 『**鼻**』『**羅生門**』『地獄変』『河童』『トロッコ』『枯野抄』『芋粥』
	菊池寛	『恩讐の彼方に』（小説）『父帰る』（戯曲）
	山本有三	『路傍の石』『真実一路』『女の一生』

⑥　昭和時代の文学

　この時代の文学は労働者階級闘争の手段としての文学活動と，新しい表現手段を求める改革活動とに分けられる。前者がプロレタリア文学で後者が芸術派である。

芸術派：プロレタリア文学に反対し，近代西洋のモダニズムを取り入れる。

　1）新感覚派：人間の生活を知性に裏づけされた鋭い感覚で捉える。

　2）新興芸術派：新感覚派をうけた学派。

　3）新心理主義：人間心理の深層を明確に表現する。

ジャンル		**作者**	**作品・特徴**
プロレタリア文学		葉山嘉樹	『セメント樽の中の手紙』
		小林多喜二	**『蟹工船』**
		徳永直	『太陽のない街』
芸術派	新感覚派	**川端康成**	【作風】**日本初のノーベル文学賞受賞者**。記念式では「美しい日本の私」と題した講演を行う。美を様々な形で描く点が大きな特徴。感覚的でイメージや象徴を重視する作風。雑誌「文芸時代」創刊に参加。 **『伊豆の踊子』『古都』『雪国』**『千羽鶴』
		横光利一	『日輪』『機械』
	新興芸術派	**井伏鱒二**	**『黒い雨』『山椒魚』**『屋根の上のサワン』
		梶井基次郎	『檸檬』
	新心理主義	堀辰雄	『風立ちぬ』『聖家族』
		中島敦	**『山月記』**
		小林秀雄	『無常といふ事』（『平家物語』『徒然草』などを扱った古典評論集）
無頼派		**太宰治**	**『斜陽』『人間失格』『走れメロス』『富嶽百景』**『津軽』『晩年』『ヴィヨンの妻』
		坂口安吾	**『堕落論』**
		三島由紀夫	『潮騒』『仮面の告白』『金閣寺』
		安部公房	『壁―S・カルマ氏の犯罪』（芥川賞受賞）『砂の女』
		大岡昇平	**『俘虜記』『野火』**

	遠藤周作	『海と毒薬』『**沈黙**』
	井上靖	『氷壁』『しろばんば』『天平の甍』『**敦煌**』『あすなろ物語』
	大江健三郎	【作風】ノーベル文学賞受賞者。「あいまいな日本の私」と題し講演を行う。 『**死者の奢り**』『**飼育**』（芥川賞受賞）『万延元年のフットボール』
	石原慎太郎	『太陽の季節』（芥川賞受賞）
	村上龍	『限りなく透明に近いブルー』（芥川賞受賞）
	宮本輝	『螢川』（芥川賞受賞）『泥の河』『優駿』
	村上春樹	『ノルウェイの森』『海辺のカフカ』『1Q84』
	司馬遼太郎	『梟の城』（直木賞受賞）『坂の上の雲』
	よしもとばなな	『キッチン』『TUGUMI』『アムリタ』

⑦　詩

時代	ジャンル	作者	作品
明治時代	新体詩	森鷗外	『於《お》母《も》影《かげ》』（訳詩集）
	浪漫詩	北村透谷	『蓬莱《ほうらい》曲』
		島崎藤村	『**若菜集**』『落梅集』
		土井晩翠	『天地有情』
	象徴詩	上田敏	『海潮音』（訳詩集）
		北原白秋	『邪宗門』
大正時代	口語詩	室生犀星	『愛の詩集』
		高村光太郎	『**道程**』『**智恵子抄**』
		萩原朔太郎	『**月に吠える**』『青猫』
		宮沢賢治	『**春と修羅**』
昭和時代	四季	**中原中也**	『**山羊の歌**』
	歴程	草野心平	『蛙』

⑧　短歌

作者	作品
与謝野晶子	**『みだれ髪』**
斎藤茂吉	**『赤光』**『あらたま』
石川啄木	**『一握の砂』**『悲しき玩具』
北原白秋	『桐の花』
正岡子規	『歌よみに与ふる書』(歌論)
俵万智	『サラダ記念日』

2　文学作品の冒頭

(1)　古典文学

竹取物語	今は昔，竹取の翁というものありけり。
伊勢物語	昔，男，初《うひ》冠《かうぶり》して，奈良の京春日の里に，しるよしして，狩に往にけり。
古今和歌集(仮名序)	やまと歌は人の心を種として，よろずの言の葉とぞなれりける。
土佐日記	男もすなる日記といふものを，女もしてみむとてするなり。
枕草子	春はあけぼの。やうやう白くなりゆく，山ぎはすこしあかりて，紫だちたる雲のほそくたなびきたる。
源氏物語	いづれの御時にか，女御更衣あまたさぶらひ給ひける中に，いとやむごとなききはにはあらぬが，すぐれて時めき給ふありけり。
更級日記	東路の道のはてよりも，なほ奥つ方に生ひ出でたる人，いかばかりかはあやしかりけむを，……。
方丈記	ゆく河の流れは絶えずして，しかも，もとの水にあらず。
平家物語	祇園精舎の鐘の声，諸行無常の響きあり。娑羅双樹の花の色，盛者必衰のことわりをあらはす。
徒然草	つれづれなるままに日暮らし，硯に向かひて心にうつりゆくよしなし事を，そこはかとなく書きつくれば，あやしうこそものぐるほしけれ。
奥の細道	月日は百代の過客にして，行きかふ年もまた旅人なり。

(2) 近代文学

舞姫	石炭をば早や積み果てつ。中等室の卓のほとりはいと静かにて……。
高瀬舟	高瀬舟は京都の高瀬川を上下する小舟である。
たけくらべ	廻れば大門の見返り柳いと長けれど，お歯ぐろ溝《どぶ》に燈火うつる三階の騒ぎも手に取るごとく，……
吾輩は猫である	吾輩は猫である。名前はまだない。どこで生まれたかとんと見当がつかぬ。
坊っちゃん	親譲りの無鉄砲で小供の時から損ばかりしている。
草枕	山路を登りながら，こう考えた。智に働けば角が立つ。情に棹《さお》させば流される。意地を通せば窮屈だ。兎《と》角《かく》に人の世は住みにくい。
破戒	蓮華寺では下宿を兼ねた。瀬川丑松が急に転宿を思い立って，借りることにした部屋というのは，……。
夜明け前	木曾路はすべて山の中である。あるところは岨づたいに行く崖の道であり，……。
城の崎にて	山の手線の電車に跳飛ばされて怪我をした，その後養生に，一人で但馬の城崎温泉へ出掛けた。
羅生門	ある日の暮れ方の事である。一人の下人が，羅生門の下で雨やみを待っていた。
鼻	禅智内供の鼻と云えば，池の尾で知らない者はない。
蜘蛛の糸	或日の事でございます。御釈迦様は極楽の蓮池のふちを，独りでぶらぶら御歩きになっていらっしゃいました。
斜陽	朝，食堂でスウプを一さじすっと吸ってお母さまが，「あ。」と幽かな叫び声をお挙げになった。
人間失格	恥の多い生涯を送って来ました。自分には，人間の生活というものが，見当つかないのです。
走れメロス	メロスは激怒した。必ず，かの邪智暴虐の王を除かなければならぬと決意した。
伊豆の踊子	道がつづら折りになって，いよいよ天城峠に近づいたと思う頃，雨脚が杉の密林を白く染めながら，すさまじい早さで麓から私を追ってきた。

3 外国文学

国	作者	作品名
イギリス	シェークスピア	『ハムレット』『ヴェニスの商人』『リア王』
	ディケンズ	『クリスマスキャロル』
	モーム	『月と六ペンス』『人間の絆』
	スティーブンソン	『宝島』『ジキル博士とハイド氏』
ドイツ	**ゲーテ**	『若きウェルテルの悩み』『**ファウスト**』
	トーマス・マン	『**魔の山**』
	ヘルマン・ヘッセ	『**車輪の下**』
	カフカ	『**変身**』『審判』
フランス	ユーゴー	『レ・ミゼラブル』
	スタンダール	『**赤と黒**』『パルムの僧院』
	モーパッサン	『女の一生』
	カミュ	『**異邦人**』『ペスト』
	サン・テグジュペリ	『**星の王子さま**』
	バルザック	『ゴリオ爺さん』『谷間の百合』
	デュマ	『三銃士』『モンテ・クリスト伯』
	ゾラ	『居酒屋』『ナナ』
	ロマン・ロラン	『ジャン・クリストフ』『魅せられたる魂』
	ボードレール	『悪の華』『人工楽園』
ロシア	**ツルゲーネフ**	『初恋』『**猟人日記**』（二葉亭四迷が一部翻訳し『あひびき』を発表）
	トルストイ	『**戦争と平和**』『**復活**』『アンナ・カレーニナ』
	ドストエフスキー	『**罪と罰**』『カラマーゾフの兄弟』
	チェーホフ	『桜の園』『かもめ』

アメリカ	**パール・バック**	**『大地』**
	ヘミングウェイ	**『老人と海』『武器よさらば』**『誰がために鐘は鳴る』
	スタインベック	『怒りの葡萄』『エデンの東』
	マーガレット・ミッチェル	『風と共に去りぬ』
	J.D.サリンジャー	『ライ麦畑でつかまえて』
中国	魯迅	『阿Q正伝』『狂人日記』
スペイン	**セルバンテス**	**『ドン・キホーテ』**
ノルウェー	イプセン	『人形の家』『ペール・ギュント』
デンマーク	**アンデルセン**	**『即興詩人』**
ベルギー	メーテルリンク	『青い鳥』

確認問題

20 次の作品とそれに関する文の組み合わせとして適切でないものを選べ。

① 伊勢物語：作者未詳の歌物語。在原業平の和歌を中心に据え，「男」と呼ばれる主人公の元服から辞世までの一生涯を描いている。

② 更級日記：作者は菅原孝標女。『源氏物語』に憧れを抱いていた作者の少女期から老年期までを回想的に綴っている。

③ 今昔物語集：作者は未詳。鎌倉時代に成立した歌物語集。すべて「今は昔」という出だしで始まる。

④ 枕草子：作者は清少納言。平安時代に成立した我が国最初の随筆。一条天皇の中宮定子に仕え，宮中での見聞事象や事物に関し，自由に綴っている。

⑤ 源氏物語：作者は紫式部。54帖から成る。光源氏を中心に貴族社会の愛の諸相を描いた作品である。「もののあはれ」の文学として知られている。

21 次の組み合わせのうち誤っているものを選べ。

① 『戦争と平和』――― トルストイ ――― ロシア
② 『リア王』――― シェークスピア ―― イギリス
③ 『魔の山』――― トーマス・マン ―― ドイツ
④ 『レ・ミゼラブル』―― ゲーテ ――― フランス
⑤ 『パルムの僧院』――― スタンダール ――― フランス

22 日本文学史について，次の①～⑤に該当する人物を次から選べ。

① 小説『たけくらべ』で有名。徳冨蘆花らとともに浪漫主義として知られる。

② 白樺派の作家で著書に『お目出たき人』がある。

③ 『万延元年のフットボール』などの著者で，ノーベル文学賞を受賞した。

④ 『梟の城』で直木賞を受賞。その他『龍馬がゆく』などの歴史小説を残した。

⑤ 短歌や詩，童謡など広く活躍し，詩集『邪宗門』『思ひ出』で知られている。

ア．武者小路実篤　イ．夏目漱石　ウ．川端康成　エ．大江健三郎
オ．樋口一葉　カ．村上龍　キ．司馬遼太郎　ク．高村光太郎
ケ．北原白秋　コ．萩原朔太郎

23 次に挙げた文学作品の冒頭を読んで，その作品名と作者名を答えよ。

① ゆく河の流れは絶えずして，しかも，もとの水にあらず。

② 親譲りの無鉄砲で小供の時から損ばかりしている。

③ 男もすなる日記といふものを女もしてみむとてするなり。

④ いづれの御時にか，女御更衣あまたさぶらひ給ひける中に，いとやむごとなききはにはあらぬが，すぐれて時めき給ふありけり。

2
倫理

Open Sesame

1 西洋の倫理

●ポイント

出題内容としては，古代ギリシア思想，経験論・合理論などの近代ヨーロッパ思想，実存主義，プラグマティズムなどの現代思想の出題頻度が高い。また，出題形式としては，各思想家と著書，言葉，思想的キーワードの組合せを問う問題や，説明文に該当する人物名を問う問題が多い。そのため，各人物の思想的キーワードや言葉，著書を確実に把握しておこう。

1 古代ギリシア思想

プロタゴラス	人間の知覚は個人によって異なるから，すべての人に共通する物事の客観的な基準は存在せず，個人の知覚や感じ方が万物の尺度となるとした（相対主義）。 **「人間は万物の尺度である」**	
ソクラテス	自分の無知を自覚する**「無知の知」**こそが哲学への出発点であるとし，他者との対話の中で相手の無知を自覚させ，人々を真の知に導こうとした（**問答法**）。 **「汝自身を知れ」**	『クリトン』 （弟子による著書）
プラトン	理性によってのみ把握される事物の本質をイデアとし，イデアこそが真の存在であると説き（**イデア論**），善のイデアを認識した哲学者が統治者の地位に就くべきだとする**哲人政治**を主張。「統治者は知恵の徳をもった哲人でなくてはならない」	『国家』『饗宴』『ソクラテスの弁明』
アリストテレス	実体は**形相**（エイドス）と**質料**（ヒュレー）とからなり，事物の本質である形相（エイドス）は，現実の個物である質料に内在するとする現実主義的な立場に立ち，実生活において中庸の徳（適切さ，ほどよさ）をもって生きることを説いた。「万学の祖」とよばれる。 **「人間はポリス的動物である」**	**『政治学』** 『自然学』 『形而上学』

2 西洋の近代思想

(1) ルネサンス

ピコ＝デラ＝ミランドラ	自らの自由意志で自分の生き方を決定できるところに，人間の尊さがあると主張。	『人間の尊厳について』
エラスムス	司祭や教会の在り方を厳しく批判した。	『愚神礼讃』
マキャヴェリ	政治権力からキリスト教道徳を排除すべきとし，君主は，キツネのずるがしこさとライオンの強さをもたなければならないと主張した。	『君主論』
トマス＝モア	囲い込み運動を批判し，私有財産制を否定した理想社会を描いた。	『ユートピア』

(2) モラリスト

モンテーニュ	自己省察を行い，人間性の真実を追究した。 「**ク＝セ＝ジュ**（私は何を知るか）」	『エセー（随想録）』
パスカル	自然の中で最も弱い存在である人間は，考えるところにその尊厳の根拠があるとした。 「**人間は考える葦である**」	『パンセ（瞑想録）』

(3) 宗教改革

ルター	信仰のよりどころは聖書のみとする**聖書中心主義**を根本原理とし，神を信仰するものはすべてキリスト者である（**万人司祭主義**）と説いた。	『キリスト者の自由』
カルヴァン	人が救われるかどうかは，神によってあらかじめ決定され（**予定説**），職業は神によって与えられたものである（**職業召命説**）とした。	『キリスト教綱要』

(4) 社会契約論

ホッブズ	人間は自然状態においては自由に行動する自然権をもつが，自然のままでは「**万人の万人に対する闘争**」状態になるため，人民は相互に契約を結び，国家に全面的に自然権を譲渡すると主張。イギリスの絶対王政を擁護する結果となる。	**『リヴァイアサン』**
ロック	自然状態は比較的平和な状態であるが，人民は自然権の一部を信託し，国家を形成する必要があると考えた。国家がその権利を濫用するときは，人民は国家に対し抵抗する権利（**抵抗権・革命権**）をもつ。名誉革命に理論的な根拠を与え，アメリカの独立やフランス革命に大きな影響を与えた。	**『統治論（市民政府二論）』**
ルソー	自然状態を自由で平等な理想的状態と考え「**自然に帰れ**」と説き，国家は，人民が個人の利益を求める特殊意志を抑制し，常に公共の利益を求める**一般意志**に従うことによって成立すると主張。徹底した人民主権論や直接民主制を説き，フランス革命に理論的な根拠を与えた。	**『社会契約論』** **『エミール』** **『人間不平等起源論』**

(5) 経験論・合理論

経験論	**ベーコン**	個々の具体的な事実の観察や実験から，一般法則を導き出す方法（**帰納法**）を提唱。人間の正確な認識の妨げとなる**イドラ**（先入観・偏見）を排除することを説いた。 **「知は力なり」**	**『ノヴム・オルガヌム**（新機関）』
合理論	**デカルト**	普遍的な原理を前提として，そこから推論によって論理的に結論を導く方法（**演繹法**）を提唱。あらゆるものを疑うことによって，確実な原理を探究した（**方法的懐疑**）。 **「われ思う，ゆえにわれあり」**	『**方法序説**（方法叙説）』 『**省察**』

(6) **ドイツ観念論**

カント	経験論，合理論を総合する批判哲学を樹立。人間は理性の命じる**道徳法則**に従って，善をなそうとする意志（**善意志**）をもつと主張。道徳法則に従う自律的な**人格**としての人間は，手段ではなく目的として尊重されるべきであり，このような社会を**目的の王国**とよんだ。	**『純粋理性批判』** 『実践理性批判』 『判断力批判』 『永久平和のために』
ヘーゲル	世界を絶対者（絶対的精神）の自己展開の過程として捉え，「正」→「反」→「合」という思考・存在のあり方（**弁証法**）から，法と道徳を統合して人倫が実現され，人倫の形態は，家族，市民社会，国家という段階を経て具体化するとした。	**『法の哲学』** **『精神現象学』**

(7) **功利主義**

ベンサム	社会全体の幸福は，その社会の個々の構成員の幸福の総和と考え，量として計算できるとして**量的功利主義**を説いた。**「最大多数の最大幸福」**	**『道徳および立法の諸原理序説』**
J.S.ミル	ベンサムの考えを修正・発展させ，幸福の質的な差異を認める**質的功利主義**を説いた。 「満足した豚であるよりは不満足な人間である方がよく，満足した愚か者であるよりは不満足なソクラテスである方がよい」	『功利主義』 『自由論』 『経済学原理』

3 現代社会の思想

(1) **社会主義**

マルクス	世界の変化発展の原動力を生産関係に求め，経済的な基盤である下部構造が社会の土台となって，政治や思想など上部構造を規定していくという**唯物史観**を樹立。資本主義の下では，人間疎外，労働疎外がおこるため，生産手段を独占する支配階級と生産手段をもたず抑圧された被支配階級との**階級闘争**によって，社会主義へ移行すべきであると主張。	**『資本論』** **『共産党宣言』** （エンゲルスとの共著）

(2) 実存主義

キルケゴール	実存主義の先駆者。個性的・主体的に生きる自己の存在を実存とよび，人は絶望を契機として美的実存，倫理的実存を経て宗教的実存に至るとした（**実存の三段階**）。自己を見失うことなく独力で人生を切り開き個性的・主体的に生きる人間を**単独者**とよび，単独者として神の前に立つことを理想とした。	**『死に至る病』**
ニーチェ	**「神は死んだ」**と宣言し，キリスト教を弱者の道徳として批判。神に代わる者として，たくましい生命力を発揮することによって力への意志を体現する**超人**を理想の主体的人間像とする。「人間は深淵にかけわたされた一条の綱である」	**『ツァラトゥストラはかく語りき』**
サルトル	**「実存は本質に先立つ」**とし，人間は自覚的に自己の本質を作り上げていくという意味で自由な存在であると主張。個人の選択は，自己に対してのみ責任を負うのではなく，全人類の運命に参加していくことになる（**アンガージュマン**）とした。	**『存在と無』**

(3) プラグマティズム

パース	プラグマティズムの創始者。観念的な哲学を批判し，概念や観念の意味は，その思想が行動に及ぼす効果・結果をみれば明らかになるとした。	
ジェームズ	知識や理論の真偽は，それが実生活に役立つか否かの有用性によって決まるとし，絶対不変の真理を否定して，行動の結果による検証・修正を主張。	『プラグマティズム』
デューイ	知識や学問は人間が環境に適応した行動をとるために用いる「道具」にほかならない（**道具主義**）とした。プラグマティズムを民主主義や教育の改革に応用して大成させた。	**『学校と社会』** 『民主主義と教育』

確認問題

1 次の言葉で有名な人物名を答えよ。

(1) 「われ思う，ゆえにわれあり」
(2) 「人間は考える葦である」
(3) 「最大多数の最大幸福」
(4) 「汝自身を知れ」
(5) 「知は力なり」

2 次の思想家と著書，考え方などの組み合わせとして正しいものを選べ。

① キルケゴール――――『学校と社会』―――道具主義
② カント―――――――『方法序説』――――目的の王国
③ サルトル――――――『存在と無』――――プラグマティズム
④ プラトン――――――『国家』―――――――哲人政治
⑤ マルクス――――――『法の哲学』――――実存主義

3 社会契約説に関する次のA～Cの記述に該当する思想家の組み合わせとして正しいものを選べ。

A．社会も国家も人民相互の契約によって成立し，人民の意志である一般意志だけが国家を指導できると主張した。
B．人々は契約によって自己の自然権を国家に譲渡したのであるから，それに絶対服従すべきであると主張した。
C．国家権力が国民の信託の範囲を越えて権力を濫用したとき，人民には抵抗権があると主張した。

	A	B	C
①	ルソー	ホッブズ	ロック
②	ルソー	ロック	ホッブズ
③	ホッブズ	ロック	ルソー
④	ホッブズ	ルソー	ロック
⑤	ロック	ホッブズ	ルソー

2 東洋の倫理

●ポイント

出題率が低い分野ではあるが，東洋の倫理の中では，中国の諸子百家についての出題が多い。各人物の思想のキーワードおよび著書名を問う問題がほとんどであるため，得点源となるよう，確実に把握しておこう。

1 中国の思想

(1) 諸子百家

春秋戦国時代に登場した，時代に対処するさまざまな方策を説いた知識人たちの総称。

儒家	**孔子**	現実の社会における人間の正しいあり方を**仁**に求め，仁の実践形式としての**礼**を主張。仁と礼を兼ね備えた君子が徳に基づいて政治を行うべきであるとする**徳治主義**を説き，政治の安定を目指した。 「吾十有五にして学に志す。三十にして立ち，四十にして惑わず。五十にして天命を知る」 「己の欲せざるところは人に施すことなかれ」	**『論語』** （弟子による編集）
	孟子	人間の本性は善であるとし（**性善説**），その現れとして四端の心があり，これを養い育てることにより仁・義・礼・智の四徳を実現できるとする。武力で人民を威圧する覇道に対し，仁義に基づいて人民の幸福を図る**王道**を主張。 「人の是れ四端あるのは，猶《なお》その四体あるがごときなり」	『孟子』
	荀子	人間の本性は悪であるとし（**性悪説**），人々を教育によって矯正する必要があるとして客観的規範である**礼**を重視した（**礼治主義**）。 「人の性は悪にして，その善なるものは偽なり」	『荀子』

道家	**老子**	万物の根源を**道**（タオ）と捉え，その道に従って**無為自然**に生きることを理想とした。 「上善は水のごとし」	『老子（老子道徳経）』
	荘子	一切の欲望から自由になり，虚心になって自然と一体になることを理想とし，この境地にある者を**真人**とよんだ。	『荘子』
墨家	**墨子**	儒家の説く仁愛を利己的な差別愛であると批判して，自他の区別のない人間愛である**兼愛**を説き，相互扶助的な共同生活を破る侵略戦争を否定する**非攻**を唱えた。	
法家	**韓非子** **李斯**	利を求め害を避けるのが人の本性であると考え，法律や刑罰に基づいて国家を治める**法治主義**を説いた。	
兵家	**孫子** **呉子**	戦争の理論や戦略を説いた。	

(2) **儒家の展開**

朱子学	**朱子**	すべての事物は，理（宇宙と人間を貫く原理）と気（ガス状の物質的要素）からなると考え（**理気二元論**），この理を極め，人欲を捨てて理に従って生きることを理想とした。	『四書集注』
陽明学	**王陽明**	知識（知）と実践（行）は，同じ心の動きの両面で本来は一体である（**知行合一**）と主張。すべての人が生まれながらにもつ善悪を判断する能力（良知）を発揮すること（**致良知**）によって，善が実現されると説いた。	『伝習録』（弟子による編集）

2 日本の思想

(1) 日本の伝統的な思想

① 朱子学

林羅山	天地と同じく人間にも上下があるとして，これを**上下定分の理**とよび，封建的な身分秩序を正当化した。	『春鑑抄』 『三徳抄』
山崎闇斎	朱子学の理と日本神話の神との一致を説く**垂加神道**を唱え，幕末の尊王攘夷思想にも影響を及ぼした。	『垂加文集』

② 陽明学

中江藤樹	人を愛し敬う**孝**を人倫の基本にすえ，善悪を判断する**良知**をきわめること，また，知ることは行うことのもとであり，行うことは知ることの完成であるという**知行合一**が大切であると説いた。	『翁問答』

③ 古学

山鹿素行	庶民の上に立ち道徳的な模範を示すところに，武士の存在意義があるとして，**士道**を説いた。	『聖教要録』
伊藤仁斎	孔子の思想の核心を**仁**と見なして，それを実現するための心のあり方が**誠**（自他に対していつわりをもたない純粋な心情）であるとし，**古義学**を提唱。	『童子問』
荻生徂徠	古代の文献を研究する**古文辞学**を提唱。個人の修養としての道徳的な道を批判し，政治的な観点から古代中国の王が制定した社会制度を道（**先王の道**）と考え，世を治め民を救う**経世済民**を強調した。	『弁道』

④ 国学

賀茂真淵	『**万葉集**』の研究を通して，日本古来の精神は素朴で雄大な**高く直き心**であり，男性的でおおらかな**ますらをぶり**がその典型であるとした。	『国意考』

本居宣長	『源氏物語』や『**古事記**』の研究を通じて，素直で大らかな日本古来の精神を**真心**とよんで賞賛し，日本古来の道は神々によって造られた**惟神《かんながら》の道**であるとした。文芸の本質は物事に触れて生まれるしみじみとした感情の動きであり，これを「**もののあはれ**」とし，女性的で感情の豊かな**たをやめぶり**を評価した。	『**古事記伝**』 『**源氏物語玉の小櫛**』 『玉勝間』

(2)　**日本の近代思想**

福沢諭吉	啓蒙思想家。身分にとらわれず自分の実力で評価される社会を理想とし，実生活で役に立つ**実学**を学ぶ必要性を説いた。人間の尊厳を自覚し個々人が自主独立の生活を営もうとする**独立自尊**の精神を人々に喚起した。 **「天は人の上に人を造らず，人の下に人を造らず」** **「一身独立して一国独立す」**	『**学問のすすめ**』 『西洋事情』
中江兆民	啓蒙思想家。ルソーの『社会契約論』を翻訳し，「東洋のルソー」とよばれる。主権在民の民主主義の思想を広め，自由民権運動の理論的指導者として活躍した。	『**民約訳解**』
内村鑑三	キリスト教信者。武士道精神をもとにキリスト教信仰を自己のものとし，**二つのJ**（イエスと日本）の信念に立ち，自由・独立・誠実な日本人と日本のあり方を求めた。日露戦争に際しては，どのような場合にも戦争は人の道をふみにじる非人道的なものであると主張（**非戦論**）。	『失望と希望―日本国の前途』 『**代表的日本人**』
和辻哲郎	倫理学者。人間は常に人と人との間柄のうちにあり，行為を媒介として他者と関係しながら生きる**間柄的存在**であると主張。倫理をこの間柄において実現される理法であるとし，自己の倫理学を「人間の学」と名づけた。	『人間の学としての倫理学』 『**風土**』
西田幾多郎	哲学者。分析的な西洋の哲学から深く学ぶとともに禅体験を中心とする東洋文化の伝統も踏まえ，純粋経験（主観・客観が未分化の具体的・直接的な体験＝**主客未分**）こそ真の実在であるという独自の哲学を展開。	『**善の研究**』

確認問題

4 次の記述の空欄にあてはまる語句を答えよ。

孔子の思想の中心は（　A　）であり，これは人間と人間のあり方，人と人とが支え合う人間存在の仕方を示す言葉である。また，孔子は（　A　）とともに道徳的行為としての（　B　）を強調した。これらの思想は，孔子の言行を弟子たちが集成した『（　C　）』によって広く知られている。

5 中国の思想家で「性善説」を唱えた人物を次の中から選べ。

①　朱子　　②　孟子　　③　荀子　　④　老子　　⑤　荘子

3
英語

Open Sesame

1 語彙

●ポイント

表現に関する問題や，読解問題など他の分野と比較すると，語彙に関する問題は減少傾向にある。とはいうものの，単語の知識はすべての英語学習の原点にあるので，おろそかにはできない。また，略語などに関しても，覚えていなければ歯が立たない。様々な出題形式に慣れ，語彙力を増強していこう。

1 英単語

単語の意味についての出題は，①英単語の意味を問うもの，②英文に示された内容を持つ英単語を答えさせるもの（英英辞典形式），③英文に述べられている意味を持つ日本語を答えるもの（和英辞典形式），などがある。とくに，③では日本の伝統文化・伝統行事に関する内容を問われることが多いので，準備しておくことが望ましい。

例題 〈英単語の意味〉

(1) 次の英文が示す単語を書け。

① an animal most similar to humans in appearance

② painful feeling caused by wrong, ridiculous behavior

③ a person who has been trained in medical science

(2) 次の英文が示す言葉を一つ選べ。

① a wooden folk doll representing a little girl

ア．*Kokeshi*　イ．*Hina-ningyo*　ウ．*Nuigurumi*

エ．*Fukuwarai*　オ．*Omikoshi*

② one of the most popular playthings that frequently is played at New Year, is round and made of wood

ア．*Takeuma*　イ．*Koma*　ウ．*Fukuwarai*

エ．*Hashi*　オ．*Karuta*

解答 (1) ① monkey　② shame　③ doctor

(2) ① ア　② イ

2 語形変化

① 名詞⇔動詞

名　　詞	動　　詞
education（教育）	educate（教育する）
loss（損失）	lose（失う）
life（生命）	live（生活する）
recovery（回復）	recover（回復する）
growth（成長）	grow（成長する）

② 名詞⇔形容詞

名　　詞	形 容 詞
truth（真実）	true（本当の）
pride（誇り）	proud（誇りに思う）
length（長さ）	long（長い）
ease（容易）	easy（易しい）
difficulty（困難）	difficult（難しい）

③ 名詞の単数形⇔複数形

意味	単　数	複　数
男性	man	men
女性	woman	women
子ども	child	children
足	foot	feet
歯	tooth	teeth
現象	phenomenon	phenomena
危機	crisis	crises
ねずみ	mouse	mice

3 反意語

right（右）／（正しい）	left（左）／wrong（間違った）
dark（暗い）	light（明るい）
success（成功）	failure（失敗）
quick（素早い）	slow（遅い）
increase（増加する）	decrease（減少する）

4 覚えておきたい重要略語

	略語	正式名称	意味
	EU	European Union	ヨーロッパ連合
	GDP	Gross Domestic Product	国内総生産
	GNI	Gross National Income	国民総所得
	ILO	International Labo(u)r Organization	国際労働機関
	IMF	International Monetary Fund	国際通貨基金
	JIS	Japanese Industrial Standard(s)	日本工業規格
	M&A	Merger(s) and Acquisition(s)	企業の合併・買収
	CSR	Corporate Social Responsibility	企業の社会的責任
	NATO	North Atlantic Treaty Organization	北大西洋条約機構
	ODA	Official Development Assistance	政府開発援助
	UN	United Nations	国際連合
	UNICEF	United Nations Children's Fund	ユニセフ，国連児童基金
	WHO	World Health Organization	世界保健機関
	WTO	World Trade Organization	世界貿易機関

情報・通信	**ADSL**	Asymmetric Digital Subscriber Line	非対称デジタル加入者線
	BS	Broadcasting Satellite	衛星放送
	DVD	Digital Versatile Disc	大容量デジタルディスク
	ICT	Information & Communication Technology	情報通信技術
	IoT	Internet of Things	モノのインターネット
	LAN	Local Area Network	構内情報通信網
	SNS	Social Networking Service	ソーシャル・ネットワーキング・サービス
	WWW	World Wide Web	インターネット情報参照のためのシステム

5　覚えておきたい掲示・指示用語

・Admission Free（入場無料）
・Emergency Exit（非常口）
・Hands Off（触わるな）
・No Admittance（入場禁止）
・No Parking（駐車禁止）
・Off Limits（立入禁止区域）
・Out of Order（故障中）
・Staff Only（従業員専用）
・Transfer（乗り換え）
・Way Out（出口）
・Closed Today（本日休業）
・Handle with Care（取扱注意）
・Keep Out（立入禁止）
・No Crossing（横断禁止）
・No Vacancy（満室）
・One Way（一方通行）
・Post No Bills（貼紙禁止）
・Sold Out（売り切れ）
・Watch Your Step（足元注意）
・Wet Paint（ペンキ塗りたて）

確認問題

1 次の各説明が表す英単語を書け。

(1) a person who is receiving medical treatment

(2) the salt water that covers most of the earth's surface

(3) degree of heaviness of a thing

(4) people working on a ship

(5) characteristics and qualities of a person

2 次の文のうち，takeの使い方が誤っているものを選べ。

① He took a picture of Nancy yesterday.

② I take after my mother.

③ It takes 10,000 yen to attend the lesson.

④ His friend took him a book.

⑤ Take your camera with you, please.

3 次の英文のそれぞれの（　　）に入る適語を選べ。

(1) A (　　　) is a room in which meals are cooked.

ア．kitchen　イ．study　ウ．bedroom　エ．bathroom

(2) An unreasonable dislike of or preference for something, for example a particular group of people in society, is called (　　　).

ア．foreign　イ．diabetes　ウ．prejudice　エ．allergy

(3) A (　　　) is something you say or do to express your friendliness or pleasure when you meet someone.

ア．good-by　イ．speech　ウ．greeting　エ．tale

(4) The end of the day and the early part of the night is (　　　).

ア．morning　イ．evening　ウ．afternoon　エ．midnight

(5) A person qualified to examine and treat people's teeth is (　　　).

ア．dentist　イ．optician　ウ．principal　エ．chemist

4 次の英文は何について説明しているものか，日本語で書け。

(1) The traditional Japanese art of flower arranging.

(2) The day for the girls when we display a set of dolls which consist of a prince, a princess and other dolls wearing *kimonos*.

(3) Japanese wrestling which is as old as the nation itself. Two men fight within a ring made of straw.

5 次の語の組み合わせで，対義語でないものを選べ。

① tragedy — comedy　② optimist — pessimist

③ negative — positive　④ import — export

⑤ include — decrease

6 次のア～エの英単語は同じ種類の言葉を組み合わせたものである。適切でないものが含まれている組み合わせを選べ。

① ア．Rabbit　イ．Dog　ウ．Cat　エ．Mouse

② ア．Head　イ．Hand　ウ．Hip　エ．Heel

③ ア．Pencil　イ．Eraser　ウ．Notebook　エ．Bag

④ ア．Paris　イ．Tokyo　ウ．America　エ．Rome

⑤ ア．Tennis　イ．Golf　ウ．Basketball　エ．Soccer

7 次の①～⑤は政治・経済に関連する略語とその正式名称を示したものである。正しいものを2つ選べ。

① WHO ：World Health Organization

② GDP ：Global Domestic Product

③ WTO ：World Travel Organization

④ PKO ：Peace-Keeping Operations

⑤ ODA ：Organized Development Assistance

8 次の語句の意味をあとから選べ。

(1) No Admittance　(2) Out of Order　(3) Watch Your Step
(4) Do Not Enter　(5) Under Repairs　(6) Staff Only
(7) One Way　(8) Off Limits　(9) Admission Free

ア．進入禁止　イ．従業員専用　ウ．立入禁止区域
エ．故障中　オ．一方通行　カ．足元注意
キ．修理中　ク．入場無料　ケ．入場禁止

2 文法Ⅰ

●ポイント

空欄補充問題は，長文読解問題中の内容把握に関する問いを除くと，主に熟語や基礎的な文法事項（前置詞，準動詞〔不定詞・分詞〕，関係詞など）に関するものが多い。難解なものに手を出さず，基礎力を固め，何回も問題集を繰り返し解くようにしよう。また，熟語に関しては，単語を一つ一つ分類して考えても正しい意味を理解することができないものも多い。必ず確実に暗記しておいてほしい。

1 文法・語法

例題1〈空欄補充〉

次の英文の（　　）に適語を入れよ。

① He stopped (　　) on her advice.
（彼は彼女の忠告で煙草を吸うのをやめた。）

② She stopped (　　) (　　) to her mother.
（彼女は彼女の母に話しかけるために立ち止まった。）

③ I have him (　　) my hair.（私は彼に髪を切ってもらう。）

④ It is high time you (　　) to bed.（あなたはもうそろそろ寝る時間だ。）

⑤ Don't (　　) the window open.
（窓を開けたままにしておいてはいけません。）

⑥ The climate of Paris is so mild as (　　) of London.
（パリの天候はロンドンと同じくらい穏やかである。）

⑦ (　　) number of students try to go abroad.
（多くの生徒たちは海外へ行こうとしている。）

⑧ Mt. Fuji is higher than (　　) (　　) mountain in Japan.
= Mt. Fuji is the highest mountain in Japan.（富士山は日本で一番高い山だ。）

⑨ I see the girl (　　) was dancing in the hall.
（私はダンスホールで踊っていた少女を見かける。）

解答 ① smoking　② to talk　③ cut　④ went　⑤ leave
⑥ that　⑦ a　⑧ any other　⑨ who

解説　①②　**動名詞と不定詞**

stop＋～ingは「～するのをやめる」の意。stop＋to不定詞は「～するために立ち止まる」の意。このように，同じ単語でも用い方によって意味が異なるので要注意である。

③　**使役動詞＋目的語＋原形**（目的語と原形の間に「～がする」という能動の関係がある。「～がされる」という受動の関係のときは**使役動詞＋目的語＋過去分詞**の形をとる。）

④　**仮定法**　It is＋high time＋S＋過去形「もうそろそろ～する時間だ」

⑤　**leave＋O（目的語）＋C（補語）**「～を…のままにしておく」

⑥　繰り返しを避けるために用いるthat, those

that of～＝the単数名詞＋of～（複数名詞の場合，those of～）

⑦　**冠詞と定冠詞**

a number of～で「多くの～」の意。一方，**the number of～**は「～の数」の意。

⑧　**比較級＋than any other＋単数名詞**「他のどの～よりも」と最上級の意を表す。

⑨　whoは主格の関係代名詞で，the girlが先行詞となる。

2　熟語

例題2　〈重要熟語〉

次の英文の（　　）に適語を入れよ。

① I don't have to finish this work in a (　　　). （急いで）
② The train arrived at the station (　　　) time. （時間通りに）
③ I take (　　　)（= resemble）my sister. （似ている）
④ You should keep in (　　　) with my mother. （連絡を保つ）
⑤ I look (　　　) to seeing you. （～するのを楽しみにしている）
⑥ I make (　　　)（= understand）what he said. （理解する）
⑦ She often finds (　　　) with others. （～のあら探しをする）
⑧ I am (　　　) to see you again. （～してうれしく思う）
⑨ I (　　　) fail to succeed in business. （必ず～する）
⑩ You must (　　　) this plan into practice. （～を実行する）
⑪ We (　　　) to complain about our work. （～しがちである）
⑫ Students should learn the sentense by (　　　). （～を暗記する）

⑬ Please account (　　　) your project. (～を説明する)

⑭ The party took (　　　) last night. (起こる，催される)

⑮ I should have telephoned in (　　　). (前もって)

⑯ She can speak Chinese, to say (　　　) of English. (～は言うまでもなく)

⑰ They are (　　　) of food. (～が不足している)

⑱ I look (　　　) to my grandfather. (～を尊敬する)

⑲ She compared our life (　　　) voyage. (～を…にたとえる)

⑳ He looks young, (　　　) his age. (年の割には)

㉑ Thanks (　　　) her advice, I have saved much money. (～のおかげで)

㉒ Our family consists (　　　) three members. (～から成る)

㉓ Her story (　　　) out to be false. (～であることが分かる)

㉔ I take him (　　　) an American. (AをBとみなす)

㉕ I can't put up (　　　) (= endure) his attitude. (～を我慢する)

㉖ (　　　) a rule, I don't read the book. (概して，一般に)

㉗ I was (　　　) a loss for an answer. (当惑する)

㉘ Please take my idea (　　　) consideration. (～を考慮に入れる)

解答

① hurry	② on	③ after	④ touch	⑤ forward
⑥ out	⑦ fault	⑧ glad	⑨ never	⑩ put
⑪ tend	⑫ heart	⑬ for	⑭ place	⑮ advance
⑯ nothing	⑰ short	⑱ up	⑲ to	⑳ for
㉑ to	㉒ of	㉓ turned	㉔ for	㉕ with
㉖ As	㉗ at	㉘ into		

確認問題

9 次の英文のそれぞれの（　　）に入る適語を選べ。

(1) On getting to New York, I'll（　　）you a line.
ア．hold　イ．write　ウ．drop　エ．draw　オ．go

(2) I can't even speak French, let（　　）Spanish.
ア．alone　イ．much　ウ．less　エ．more　オ．along

(3) Before I finished speaking, she（　　）up the telephone.
ア．rang　イ．made　ウ．took　エ．hung　オ．got

(4) Be sure（　　）out the light before you go to bed.
ア．put　イ．putting　ウ．to put　エ．of putting　オ．to be put

(5) Butter and sugar are sold（　　）the pound.
ア．in　イ．by　ウ．out　エ．with　オ．on

10 次の二つの英文が同じ意味になるように（　　）に適語を入れよ。

(1) { She has gone to America finally.
She has gone to America at（　　）.

(2) { Generally, boys are fond of sports.
As a（　　）, boys are fond of sports.

(3) { The poor girl had to take care of many children.
The poor girl had to（　　）after many children.

(4) { How do you account for it ?
How do you（　　）it ?

11 次の英文の（　　）に適語を入れよ。

(1) He was in a hurry and put on his socks inside（　　）.

(2) I have nothing to do（　　）the accident.

(3) I'm looking forward（　　）seeing you again.

(4) According（　　）the newspaper, many people were killed in the accident.

(5) You must not speak ill of others behind their（　　）.

3 文法Ⅱ

●ポイント

構文に関しては，空欄補充問題や並べ替え問題として多く出題されている。並べ替えでは，先頭から並べようとするのではなく，知識をフルに活用し，語と語を組み合わせて一つの文を作り上げよう。正答へと導くために，重要構文はおろそかにできない。

1 構文

例題1 〈Itの構文〉

次の英文の（　　）に適語を入れよ。

① It is natural (　　) her to get angry with you.
（彼女が君に腹を立てるのは当然だ。）

② It is very kind (　　) you to say so.
（そのように言ってくれるとは君は親切だね。）

③ It was not (　　) yesterday (　　) I heard the news.
（昨日になって初めて私はその知らせを聞いた。）

④ They say that he is ill.　= He is said to (　　) ill.
= It is said that (　　) is ill.　（彼は病気だそうだ。）

⑤ It (　　) me about an hour to go to school.
（学校へ行くのに約1時間かかる。）

解答　① for　② of　③ until，that　④ be，he　⑤ takes

解説　①② **It is ～ for（of）A to…**

～の部分がAの性質やAに対する判断を示すときは，②のようにofを用いる。

③ **It is not until ～ that…「～して初めて…する」**

④ **They say（It is said）that S＋V ～ ＝S is said to～**

⑤ かかる時間を説明する場合は**take**，費用を説明する場合はcostを用いる。

例題2〈不定詞・分詞，動名詞，関係詞，助動詞の構文〉

次の英文の（　　）に適語を入れよ。

① He was kind（　　　）to lend me some money.
（彼は親切なことにお金を貸してくれた。）

② The boy is so tall（　　　）to touch the ceiling.
（その男はとても背が高いので天井に手が届く。）

③ I heard a song（　　　）by her.　（彼女が歌をうたっているのを聴いた。）

④ I saw her（　　　）to open the door.
（私は彼女が扉を開けようとしているのを見た。）

⑤（　　　）seeing the policeman, they ran away.
（警察官を見るとすぐに，彼らは逃げ出した。）
＝（　　　）（　　　）（　　　）they saw the policeman, they ran away.

⑥ There's no rule（　　　）has some exceptions.
（例外のない規則はない。）

⑦ You may（　　　）say so.　（君がそう言うのももっともだ。）

⑧ You may（　　　）（　　　）go to bed at once.
（君はすぐに寝た方がよい。）

⑨ You（　　　）have come to the party.
（君はパーティーへ来るべきだったのに。）

⑩ The rumor（　　　）be true.　（そのうわさは本当であるはずがない。）

⑪ She（　　　）have told a lie.　（彼女は嘘をついたに違いない。）

解答

① enough	② as	③ sung	④ trying
⑤ On，As soon as	⑥ but	⑦ well	⑧ as well
⑨ should	⑩ cannot	⑪ must	

解説

① 形容詞（副詞）+ enough to～「～なほど十分に…だ」

② so + 形容詞（副詞）+ as to～「とても…なので～」

③④ **知覚動詞（see，hearなど）＋O＋現在分詞／過去分詞**
「Oが～している／～されるのを見る（聞く）」

⑤ **on ～ ing**　「～するとすぐに」（= **as soon as** S + V～，）

⑥ 否定語 + 名詞 + but～　「～しない…はない」

⑦ **may well** ～「～するのももっともだ」

⑧ **may as well** ～「～した方がよい」

⑨ **should＋have＋過去分詞**　「～すべきだったのに（しなかった）」
過去の行為や状態に対する後悔・非難を表す。

⑩ **cannot be～**「～であるはずがない」

⑪ must + have + 過去分詞「～したに違いない」

例題3 〈比較・条件・その他の構文〉

次の英文の（　　　）に適語を入れよ。

① Run as fast（　　　）you（　　　）.　　　（できるだけ速く走りなさい。）

② That bridge is three（　　　）as（　　　）as this one.
（あの橋はこの橋の3倍の長さだ。）

③ He earns no（　　　）than 700,000 yen a month.
（彼は月70万円も収入がある。）

④ He can speak French,（　　　）（　　　）English.
（彼はフランス語が話せる。まして英語はなおさらだ。）

⑤ Study hard,（　　　）you will pass the examination.
（一生懸命勉強しなさい。そうすれば，試験に合格するだろう。）

⑥ Study hard,（　　　）you will fail the examination.
（一生懸命勉強しなさい。さもないと，試験に失敗するでしょう。）

⑦ No（　　　）what may happen, I won't change my mind.
（何が起ころうと，私は決心を変えない。）

解答 ① as，can　② times，long　③ less　④ much more
⑤ and　⑥ or　⑦ matter

解説 ① **as＋原級＋as＋S＋can**「できるだけ～」

② **～ times as＋原級＋as A**「Aの～倍」
※ただし，2倍であれば～timesのかわりにtwice，半分であればhalfを用いる。

③ **no more than**（～しか）⇔**no less than**（～も）

④ 肯定文＋**much more**「なおさら～」⇔否定文＋**much less**「ましてや～ない」

⑤ 命令文，**and～**　「…しなさい。**そうすれば～**」

⑥ 命令文，**or～**　「…しなさい。**さもないと～**」

⑦ no matter what（＝whatever）～「何が～しようとも」

確認問題

12 次の二つの文が同じ意味になるように（　　　）に適語を入れよ。

(1) I am sorry I didn't study much harder.
I wish I (　　　) (　　　) much harder.

(2) No matter what may happen, I will attend the meeting.
(　　　) may happen, I will attend the meeting.

(3) On arriving at the airport, I will find my mother.
(　　　) (　　　) (　　　) I arrive at the airport, I will find my mother.

(4) I have (　　　) (　　　) (　　　) three books.
I have only three books.

(5) Naoko is so old as to travel alone.
Naoko is old (　　　) to travel alone.

(6) I don't like this book, and she doesn't either.
I don't like this book, and (　　　) (　　　) she.

(7) Eri lives in Kyoto, and her sister lives in Kyoto, too.
Eri lives in Kyoto, and so (　　　) her sister.

(8) The higher I went up, the colder it became.
(　　　) I went up higher, it became colder.

(9) Paul is the tallest boy in his class.
Paul is taller than (　　　) (　　　) boy in his class.

(10) There is no telling when the rain will stop.
It is (　　　) to tell when the rain will stop.

13 次の語を並べ替え，日本文に合う英文を作れ。ただし，文頭にくる単語の頭文字も小文字になっている。

(1) 私は彼のことを気の毒に思わずにいられなかった。
[couldn't, sorry, I, him, feel, but, for].

(2) なるほど彼は金持ちだが，親切ではない。
[he, kind, true, is, it, isn't, that, rich, is, but, he].

(3) 早く起きなさい。そうすれば，始発列車に間に合うでしょう。
[you, the, train, early, up, and, first, get, catch, will].

(4) 私はバスで財布を盗まれた。
[purse, in, my, I, stolen, bus, had, the].

(5) 彼は朝食前に散歩をすることにしている。
[a, take, before, he, it, to, walk, a, rule, makes, breakfast].

14 次の各組の文が同じ意味になるようにそれぞれの（　　）に入る語句を選べ。

(1) The news (　　) me happy.
= When I heard the news, I became happy.
ア. took　イ. made　ウ. got　エ. were　オ. gave

(2) She is too wise to do such a thing.
= She knows (　　) than to do such a thing.
ア. worse　イ. more　ウ. better　エ. wiser　オ. less

(3) He is the (　　) person to tell a lie.
= He never tells a lie.
ア. first　イ. second　ウ. very　エ. much　オ. last

(4) Ryu talks like a baby.
= Ryu talks as if he (　　) a baby.
ア. was　イ. were　ウ. is　エ. has　オ. had been

(5) Twenty minutes' walk brought us to the park.
= (　　) took us twenty minutes to walk to the park.
ア. They　イ. That　ウ. It　エ. This　オ. We

4 ことわざ

●ポイント

ことわざは，知っているか知らないかで，はっきり差のつく分野である。

以下に主な英語のことわざと，それにあたる日本語のことわざをあげる。英語本来の意味から，日本語のことわざを考えていけば，覚えるのはそれ程難しくないであろう。

また，英語どうしで同様の意味を持つことわざを選ぶという出題もみられるので，似たような意味を持つことわざは，ひとまとめにして覚えるのもよいであろう。

1 ことわざ

例題〈頻出なことわざ〉

次の（　　　）に適語を入れ，ことわざを完成させよ。

① A bird in the hand is (　　　) two in the bush.
（明日の百より今日の五十）

② A drowning man will catch at a (　　　).
（溺れる者はわらをもつかむ）

③ A friend in (　　　) is a friend indeed.　（まさかのときの友こそ真の友）

④ Birds of a feather (　　　) together.　（類は友を呼ぶ）

⑤ First come, first (　　　).　（早いもの勝ち）

⑥ (　　　) makes waste.　（急いては事をし損じる）

⑦ Heaven helps (　　　) who help themselves.
（天は自ら助くる者を助く）

⑧ Honesty is the (　　　) policy.　（正直は最上の策）

⑨ It is no use (　　　) over spilt milk.　（覆水盆に返らず）

⑩ It never rains (　　　) it pours.　（降ればどしゃ降り）

⑪ (　　　) is the mother of invention.　（必要は発明の母）

⑫ Never (　　　) off till tomorrow what you can do today.
（思い立ったが吉日）

⑬ Don't (　　　) fishes to swim.　（釈迦に説法）

⑭ (　　　) makes perfect.　（習うより慣れよ）

⑮ Rome was not (　　　) in a day. (ローマは1日にして成らず)
⑯ (　　　) is believing. (百聞は一見にしかず)
⑰ Slow and (　　　) wins the race. (急がば回れ)
⑱ So many men, so many (　　　). (十人十色)
⑲ Spare the rod and (　　　) the child. (かわいい子には旅をさせよ)
⑳ (　　　) while the iron is hot. (鉄は熱いうちに打て)
㉑ Time and tide (　　　) for no man. (歳月人を待たず)
㉒ When in Rome, do (　　　) the Romans do. (郷に入っては郷に従え)
㉓ The early bird (　　　) the worm. (早起きは三文の得)
㉔ There is no (　　　) for tastes. (蓼食う虫も好きずき)
㉕ A rolling stone (　　　) no moss. (転がる石に苔つかず)
㉖ A good medicine (　　　) bitter. (良薬は口に苦し)
㉗ Fine feathers (　　　) fine birds. (馬子にも衣装)
㉘ Pudding rather than (　　　). (花より団子)
㉙ After a (　　　) comes a calm. (雨降って地固まる)
㉚ A stitch in time (　　　) nine. (転ばぬ先の杖)

解答

① worth	② straw	③ need	④ flock
⑤ served	⑥ Haste	⑦ those	⑧ best
⑨ crying	⑩ but	⑪ Necessity	⑫ put
⑬ teach	⑭ Practice	⑮ built	⑯ Seeing
⑰ steady	⑱ minds	⑲ spoil	⑳ Strike
㉑ wait	㉒ as	㉓ catches	
㉔ accounting	㉕ gathers	㉖ tastes	㉗ make
㉘ praise	㉙ storm	㉚ saves	

確認問題

15 次の［A］の(1)〜(5)の訳として一番近いものをあとの［B］の(a)〜(i)の中から選べ。

［A］(1) Two heads are better than one.
(2) Easier said than done.
(3) A rolling stone gathers no moss.
(4) Ill news runs apace.
(5) Practice makes perfect.

［B］(a) 転石こけを生ぜず
(b) かわいい子には旅をさせよ
(c) 悪事千里を走る
(d) 溺れる者はわらをもつかむ
(e) 習うより慣れろ
(f) 隣の庭は広い
(g) 言うは易く行うは難し
(h) 三人寄れば文珠の知恵
(i) 船頭多くして船山に上る

5 会話

●ポイント

会話文は出題頻度が高い。主に，文脈から応答文を選択する形式のものであるが，まれに整序問題や会話のシチュエーションを問う出題もみられる。

応答文を選択する場合，最も重要なことは，前後の会話の流れを把握することである。とくに，会話問題には会話特有の表現があるので，あらかじめ覚えておこう。また，場面設定がされていることもあるので，電話表現，空港やレストランでの応対など，場に応じた表現も身に付けておきたい。

1 会話

例題 〈会話表現〉

次の英文の（　　　）に適語を入れよ。

［店で］

① May I (　　　) you ?　（いらっしゃいませ。）

② What size do you wear ?　（どのサイズを着られますか。）

－ Let me try (　　　) the dress.　（そのドレスを試着させてください。）

－ No, thanks. I'm just (　　　) .

（いいえ，結構です。ただ見ているだけです。）

［電話で］

③ This is Eri (　　　) . Is Mr.Suzuki (　　　) ?

（こちらはエリです。鈴木さんはおいででしょうか。）

④ Who is (　　　) , please ?　（どちらさまでしょうか。）

⑤ Sorry, the line is (　　　) now.　（すみません。ただいま話し中です。）

⑥ Mr.Ishikawa is (　　　) another line. Just (　　　) on a minute, please.

（石川さんは他の電話にでております。しばらくそのままでお待ち下さい。）

⑦ I'm afraid you have the (　　　) number.

（電話番号が間違っているようです。）

⑧ Hiroko, you are (　　　) on the phone.

（広子，あなたに電話ですよ。）

⑨　Will you (　　　) the phone ?　(電話に出てくれませんか。)

[病気・病院関連]

⑩　What is the (　　　) with you?　(どうしましたか。)

⑪　I have a poor (　　　).　(私は食欲がありません。)

⑫　I'll take your (　　　).　(体温を計りましょう。)

⑬　Is anything (　　　) with you ? You look (　　　).
(どうかしましたか。顔色が悪いですよ。)

[道で]

⑭　Would you show me the (　　　) to the department store ?
(百貨店への道を教えて下さいませんか。)

⑮　I'm a (　　　) here.　(私はこの辺は不案内です。)

[その他]

⑯　Will you (　　　) me the salt ?
—Certainly, here (　　　) are.
(塩をとってくれませんか。 いいですよ。はいどうぞ。)

⑰　(　　　) would you like your steak ?
(ステーキの焼き方はどうしますか。)

⑱　Do you (　　　) if I smoke here ?
= Do you (　　　) (　　　) smoking here ?
(ここで煙草を吸ってもかまいませんか。)
—Certainly (　　　). = Not at (　　　). = Not in the (　　　).
(ええ，いいですとも。)

⑲　I beg your (　　　) ?　(もう一度言って下さい。)

⑳　May I ask a (　　　) of you ? = Will you (　　　) me a (　　　) ?
(お願いがあるのですが。)

解答　① help　② on, looking　③ speaking, in (there)
④ speaking　⑤ busy　⑥ on, hold　⑦ wrong
⑧ wanted　⑨ answer　⑩ matter (problem, trouble)
⑪ appetite　⑫ temperature　⑬ wrong, pale　⑭ way
⑮ stranger　⑯ pass, you　⑰ How
⑱ mind, mind, my, not, all, least　⑲ pardon
⑳ favor, do, favor

確認問題

16 次の対話の（　　　）に入る適当なものをあとから選べ。

clerk　　　：（　1　）?
Mr. Brown：Yes, I'd like a bag.
clerk　　　：（　2　）?
Mr. Brown：It's nice.　Do you have a smaller one, though?
clerk　　　：Sure.　（　3　）?
Mr. Brown：Oh, it's great.　How much is it ?
clerk　　　：（　4　）.
Mr. Brown：I'll take it.
clerk　　　：（　5　）.

ア．Then how about this
イ．How do you like this
ウ．Thank you
エ．What can I do for you
オ．It's twenty dollars

17 次の会話文の（　　　）に入る適当なものをあとから選べ。

Nancy：Hello.
Kenji　：Hello.　This is Kenji speaking.（　1　）?
Nancy：This is Nancy.
Kenji　：Hi, Nancy.（　2　）?
Nancy：Yes, I am.
Kenji　：（　3　）?
Nancy：Great !　I'd like that.
Kenji　：（　4　）. I'll meet you at 7:00 in front of the gymnasium.
Nancy：That's fine.（　5　）.
Kenji　：O. K., I'll see you this Saturday.　Good-by.
Nancy：（　6　）.　Good-by.

ア．Would you like to go to the pop concert at the gymnasium
イ．Are you free this Saturday

ウ．I'm looking forward to it

エ．May I speak to Nancy

オ．Thank you for calling

カ．I'm glad to hear that

18 次の会話文の（　　）に入る適当なものをあとから選べ。

Susan：Is Mary in ?

Tom　：（　1　）．She won't come home until next Monday.（　2　）?

Susan：（　3　）．

I just wanted to tell her my new telephone number as I've moved.

Tom　：（　4　）．

Susan：Am I speaking to Mary's father ?

Tom　：Yes, you are.

Susan：Oh, I'm glad.　Well, the phone number is …….

Tom　：Just a moment, please.（　5　）．

ア．Can't you be a bit more sweet

イ．Who's speaking

ウ．Oh, that's very kind of you

エ．No, she's on a trip now

オ．I'll get a pen to jot it down

カ．This is Susan speaking

キ．You're cold as ice

19 次の会話文の（　　）に入る適当なものをあとから選べ。

Susan：Excuse me. I'm looking for the Tourist Information Center.

（　1　）?

Taro　：I'm sorry I don't.（　2　）．

Susan：Sure.（Susan hands her map to Taro and he studies it.）

Taro　：I see ……O. K.（　3　）．

Go straight for about forty meters.（　4　）．

You can't miss it.

Susan：Thank you so much.　You've been most helpful.

Taro　：（　5　）．

ア．Let me see your map, please

イ．Can I help you

ウ．I don't know really

エ．Don't mention it

オ．You'll find it on your right

カ．Do you know where it is

キ．I didn't realize them

ク．What's this number

ケ．Turn right at the signal over there

コ．Where can I get some change

6 英文読解

●ポイント

一般教養における英文読解は，主に，書かれている内容を把握するものと，英文を基にして各問いに答えるものとがある。前者は分からない単語や熟語があっても，前後関係から類推すればよい。後者には読解力以外に文法などの基礎的事項の定着が求められる。

1 内容把握

例題1 〈内容把握問題〉

次の英文は何について説明したものか選べ。

In 1948, it was designated a national holiday "for the people to honor labor, celebrate manufacturing and give thanks to one another." From ancient times, this day has been a ceremony known as the Shinto Harvest Festival, carried out at the imperial court. For this, the Emperor dedicates that year's new rice to the gods and tastes it for the first time. This ceremony is held still today in the Imperial Household.

ア．春分の日　イ．秋分の日　ウ．文化の日　エ．勤労感謝の日
オ．天皇誕生日

〈解き方のポイント〉

英文からキーワード及びキーセンテンスをピックアップしてみよう。このような形式では日本文化の内容や教育用語などについて問われることが多い。

解答　エ

解説　「for the people to honor labor, celebrate manufacturing and give thanks to one another」が大きなヒントとなる。後半には勤労感謝の日の由来が述べられている。また，他の選択肢についてもおおまかな内容を把握しておくとよい。

〈全訳〉

1948年に「勤労を尊び，生産を祝い，国民が互いに感謝しあう日」として国民の祝日となった。この日には，古代から新嘗祭と呼ばれる行事が宮中で執り行われてきた。これは，天皇がその年の新米を神に捧げ，初めて食するという行事で，その祭儀は現在も皇室で行われている。

例題2 〈長文読解〉

次の英文を読んで，あとの問いに答えよ。

In order to create an enriching and dynamic society in the 21st century, it is (　①　) to form a lifelong learning society in which people can freely choose learning opportunities at any time during their lives and in which proper recognition is accorded to those learning achievements.

Lifelong learning comprises two main aspects : the concept to comprehensively review various systems including education, in order to create a lifelong learning society ; and the concept of learning at all stages of life. In (　②　) words, the concept of learning in the context of lifelong learning encompasses not only structured learning through school and social education but also learning through involvement in (　③　) areas as sports, cultural activities, hobbies, recreation and volunteer activities. The places for conducting learning activities are also diverse, including elementary and secondary schools, universities and other institutions of higher education, citizens' public halls, libraries, museums, cultural facilities, sports facilities, lifelong learning program facilities in the private sector, companies, and offices.

問1　文中の空欄①～③に入る適語を選べ。

ア．another　　イ．other　　ウ．so　　エ．such　　オ．vital

カ．impossible

問2　文中の内容と一致しないものを一つ選べ。

ア．生涯学習とは，人生のいずれのときにも学習機会を選択することのできるシステムである。

イ．生涯学習は主に学校教育の中で行われる教育活動である。

ウ．生涯学習活動が行われる場所は，小・中学校だけでなく様々な公共施設が挙げられている。

エ．生涯学習活動の中には，ボランティア活動も含まれる。

〈解き方のポイント〉

まず，英文を読む前に設問に目を通そう。というのは，問2のような設問を一読することは，英文読解のヒントを得ることになるばかりでなく，英文読解の上での**キーワード**（ここでは，**lifelong learning**）を理解することができるからである。

また，問1のような空欄補充問題は英文を読み進めながら，並行して解答していくとよいであろう。

解答　問1　①　オ　②　イ　③　エ　問2　イ

解説　問1　空欄補充問題。空欄補充には**①熟語や準動詞など知識を伴うもの，②文脈から判断するもの**，の2種類がある。ここでは，空欄①は後者で空欄②③は前者に相当する。

①オ．vital（重要な）または，カ．impossible（不可能な）のどちらかが入る。ここは前後の文脈から判断して，生涯学習の未来を説明しているのでオが適切。②in other words「言い換えれば」，③such A as B「BのようなA」は熟語であることがわかれば容易である。

問2　内容一致問題。この種の問題は**消去法**で解くことをお勧めする。文中に必ず根拠が示されているので，一つ一つ押さえていこう。

ア．生涯学習社会の特徴として，冒頭に述べられている。

イ．2段落目に生涯学習は学校教育にとどまらず，スポーツ，趣味などの分野とのかかわりも視野に入れていることが述べられている。

ウ．最終文The places以下参照。

エ．最終文の直前の部分参照。

〈全訳〉

21世紀において豊かでダイナミックな社会を創り出すためには，人々が人生のいかなるときでさえ学習機会を自由に選択することができ，学習の達成度を適切に認識できる社会を形作ることが重要である。

生涯学習には主に2つの側面がある。1つは生涯学習社会を創造するために教育を含めた様々なシステムを包括的に吟味するという概念，そしてもう1つは人生のすべての段階で学習するという概念である。言い換えると，生涯学習という面においては，学習の概念は学校や社会教育を通した組織化された学習だけでなく，スポーツ，文化的活動，趣味，レクリエーションやボランティア活動のような分野における関わりあいを通した学習を含む。学習活動を行う場所も，小・中学校，大学や他の高等教育機関，市民ホール，図書館，美術館，文化施設，体育施設，私企業などの生涯教育プログラムなど様々である。

確認問題

20 次の英文を読んで，空欄に入る適語を選べ。

Gone are the days when women automatically stayed at home to look (①) their children while their husbands (②) almost every waking hour to their companies.

But with more parents now wanting to both work and take care of their kids, striking the right (③) between their job commitments and family responsibilities isn't easy. Though a law that went into effect last month aims to help working parents take a more active role in bringing (④) their children, when it comes to child-care leave, parents and their (⑤) don't always see eye to eye.

[語群]

ア．employers　イ．employees　ウ．on　エ．up　オ．for

カ．after　キ．devoted　ク．brought　ケ．balance　コ．way

21 次の英文を読んで，あとの問いに答えよ。

One day about two years ago a Pirates scout watching him pitching for his hometown team had written on a card, "This boy has a fluid delivery of a blinding fast ball and an exploding curve."

Though he offered him a contract then and there, Youngberry refused to sign because it was his lifelong ambition to be a farmer. Everybody, including the girl he was engaged to, argued him into signing. He didn't say so but he had it in mind to earn enough money to buy a three hundred acre farm and then quit baseball forever. Sometimes when he pitched, he saw fields of golden wheat gleaming in the sun. He had come to the Pirates on the first of September from one of their class A clubs, to help in the pennant drive.

from 'The Nature'
by Bernard Malamud

上文の内容と一致するものはどれか。

① Youngberry had a girl to whom he was engaged.

② Youngberry wanted to continue baseball forever.

③ Youngberry retired from professional baseball since he had gained wealth.

④ Youngberry was known to most of the baseball fans.

⑤ Youngberry had been a catcher in his hometown team before he joined Pirates.

22 次の英文を読んで，あとの問いに答えよ。

The future history books might also record that we were deprived of the use of our eyes. In our hurry to get from one place to another, we failed to see anything on the way. Air travel gives you only a bird's-eye view of the world — or even less if the wing of the aircraft happens to get in your way. When you travel by car or train an indistinct image of the countryside constantly appears at the windows. And as for sea travel, it is perfectly summed up in the words of the old song : "I joined the navy to see the world, and what did I see ? I saw the sea."

from 'For and Against'
by David Alexander

上文の内容と一致しないものはどれか。

① われわれは旅行の時などに，急ぐために途中の風景を見て楽しむことを忘れている。

② 自動車や電車で旅をしている時は，あたりの風景がぼんやりと窓外に見えるばかりである。

③ 未来の歴史書には，人間の目が役に立たなくなって，途中のものが見えなくなったと記録されるかもしれない。

④ 空の旅では，下界の全体像が見えるばかりである。

⑤ 海の旅で見えるのは，海ばかりである。

23 次の英文を読んで，あとの問いに答えよ。

The majority of the players in the band are beginners, and a teacher tries to develop their skills.

"I think it is almost a miracle that members of such a band as this keep capturing top awards. The point is that winning or losing depends (A) this," he said, pounding on his chest. "Each individual's technical level is low, but we are strong because the players have emotion."

He said that when players succeed in producing sounds that overlap with their feelings, they create music that strikes at the hearts of people when they listen to it for the first time.

The band won the All-Japan Brass Band Competition last October for the second time (　B　) a row.

"Although each player's skill remains low, our band can convey to the audience our commitment to music," he said.

And he added, "The important thing is what the audience feels from the sounds, how hard the players play their instruments, and what sort (　C　) feelings they have when they blow their instruments."

(1)　空欄A～Cに入る適語を選べ。

ア．at　　イ．on　　ウ．in　　エ．with　　オ．of　　カ．out

(2)　下線部の意味を選べ。

ア．重なり合う　　イ．越えた　　ウ．強調している　　エ．作り出す
オ．想像する

(3)　次のうち，本文の内容と一致しないものを選べ。

ア．演奏者のメンバーの大半は，まったくの初心者である。

イ．演奏者の情熱が優勝を獲得し続けることになった原動力である。

ウ．演奏者一人一人の技量が次第に高いレベルに成長していった。

エ．楽器を演奏するときは，どれだけ一生懸命に奏でるか，どのような気持ちをこめて奏でるかが大切である。

オ．聴く人の心に訴えかける音楽をつくりだすことが重要である。

4

音楽

Open Sesame

1 音楽一般

●ポイント

楽典は，強弱記号，音符や休符の長さ，速度記号，演奏順序を表す記号，調号など，小学校，中学校で習ってきた程度の知識を問う問題が出題されやすい。舞曲の種類，オーケストラの楽器分類に関することも出題されている。民族音楽や音楽史にも関連するので，基礎知識として覚えよう。

1 楽典

(1) 音符と休符

♩ = 1,　𝄽 = 1のときの長さの割合

音符の種類		長さ	休符の種類	
𝅝	全音符	4	𝄻	全休符
𝅗𝅥	2分音符	2	𝄼	2分休符
♩	4分音符	1	𝄽	4分休符
♪	8分音符	$\frac{1}{2}$	𝄾	8分休符
𝅘𝅥𝅯	16分音符	$\frac{1}{4}$	𝄿	16分休符
𝅗𝅥.	付点2分音符	3　(𝅗𝅥 + ♩)	𝄼.	付点2分休符
♩.	付点4分音符	$1\frac{1}{2}$　(♩ + ♪)	𝄽.	付点4分休符
♪.	付点8分音符	$\frac{3}{4}$　(♪ + 𝅘𝅥𝅯)	𝄾.	付点8分休符

※全音符，全休符は1小節のばしたり，休んだりする場合にも用いる。

⑵ 変化記号

記号	読み方	意味
♯	シャープ（嬰《えい》）	半音上げる
♭	フラット（変）	半音下げる
♮	ナチュラル	もとの高さで

※♯，♭，♮などを臨時記号という。

⑶ 主要音楽用語

① 強弱に関するもの

記号	読み方	意　味
pp	ピアニッシモ	とても弱く
p	ピアノ	弱く
mp	メッゾ・ピアノ	少し弱く
mf	メッゾ・フォルテ	少し強く
f	フォルテ	強く
ff	フォルティッシモ	とても強く
cresc.	クレシェンド	だんだん強く
decresc.	デクレシェンド	だんだん弱く

② 速度およびその変化に関するもの

標語・記号	読み方	意　味
Adagio	アダージョ	ゆるやかに
Andante	アンダンテ	ゆっくり歩くような速さで
Moderato	モデラート	中ぐらいの速さで
Allegretto	アレグレット	やや速く
Allegro	アレグロ	速く
ritardando(rit.)	リタルダンド	だんだん遅く
a tempo	ア・テンポ	もとの速さで
♩ ＝120	1分間に ♩ を120打つ速さ	

③　演奏上の記号

記号	読み方	意　味
	スタッカート	その音を短く切る
	テヌート	その音の長さを十分に保って
	アクセント	その音を特に強く
	フェルマータ	その音符（休符）をほどよくのばす
	タイ	同じ高さの二つの音符をつなぐ
	スラー	違う高さの二つ以上の音符をなめらかに

④　反復記号と演奏順序

記号	読み方	意　味
	反復記号	反復記号の間を反復する
D.C.	ダ・カーポ	始めにもどる
D.S.	ダル・セーニョ	𝄋 にもどる
Fine	フィーネ	終わり
𝄌	ヴィーデ	𝄌から𝄌へとぶ
Coda	コーダ	結び
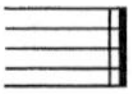	終止線	曲の最後

2 西洋音楽の楽曲の種類

(1) 舞曲

種類	発祥地	拍子	特徴
メヌエット	フランス	$\frac{3}{4}$	中ぐらいのテンポ。上品で優雅な舞曲。
ワルツ	ドイツ オーストリア	$\frac{3}{4}$	緩やかなテンポと軽快なテンポに大別。優美で流麗な舞曲。
ボレロ	スペイン	$\frac{3}{4}$	緩やかなテンポ。生き生きとしたリズムをもつ舞曲。
マズルカ	ポーランド	$\frac{3}{4}$, $\frac{3}{8}$	緩急様々なテンポ。粗野で熱烈悲壮な舞曲。
ポロネーズ	ポーランド	$\frac{3}{4}$	緩やかなテンポ。特定のリズムをもつ騎士風で壮麗な舞曲。
ガボット	フランス	$\frac{2}{2}$, $\frac{2}{4}$, $\frac{4}{4}$	中ぐらいのテンポ。明快なリズムをもつ愛らしい舞曲。
ポルカ	ポーランド ボヘミア	$\frac{2}{4}$	速いテンポが多い。軽快で活気がある舞曲。

(2) 器楽曲

交響曲 (シンフォニー)	ソナタ形式の楽章をもつ多楽章からなる管弦楽曲。
協奏曲 (コンチェルト)	ソナタ形式の楽章をもつ独奏楽器と管弦楽のための曲。
交響詩	単一楽章の管弦楽曲で標題音楽の一種。自然や文学的な内容などを自由な形で描く音楽。
ソナタ (奏鳴曲)	ソナタ形式の楽章をもつ多楽章からなる独奏楽器のための曲。

前奏曲 (プレリュード)	他の楽曲へ導入的役割をする器楽曲。管弦楽の他，独奏曲も多く形式も比較的自由。
練習曲 (エチュード)	演奏技術を高め，表現力をみがくことを目的として書かれた曲。
無言歌	歌曲のような様式をもつロマン派のピアノ曲。
狂詩曲 (ラプソディ)	物語的な内容と叙事的，英雄的，民族的な色彩をもつ曲。
トッカータ	即興的な部分をもつ鍵盤楽器のための曲。

(3) 大規模な声楽曲

オペラ (歌劇)	独唱・重唱・合唱と管弦楽を中心に，文学，美術，舞踊，演劇などを総合して構成される舞台芸術。
オラトリオ	宗教的な題材による演奏会形式の劇的音楽。独唱・合唱・管弦楽を用いる。
カンタータ	種々の伴奏形態により，独唱・重唱・合唱などからなる声楽曲の一つ。
ミサ曲	カトリック教会の儀式であるミサに歌われる聖歌。
レクイエム	死者の冥福を祈るために歌われる礼拝用の音楽で，カトリック教会のミサ曲の一種。

(4) その他の楽曲

セレナード (小夜曲)	夕暮れや夜の情緒にふさわしい静かで叙情的な声楽曲，器楽曲。恋人の家の窓辺で歌われるような恋の歌が多い。

3 楽器の種類と演奏形態

(1) 管弦楽の楽器の種類

管楽器	木管楽器	ピッコロ，フルート，オーボエ，イングリッシュ・ホルン，クラリネット，ファゴット，サクソフォーンなど
	金管楽器	トランペット，トロンボーン，ホルン，テューバ，ユーフォニュームなど
弦楽器		ヴァイオリン，ヴィオラ，チェロ，コントラバス，ハープなど
打楽器		大太鼓，ティンパニ，小太鼓，シンバル，銅鑼，鉄琴，木琴，ヴィブラフォン，マリンバなど

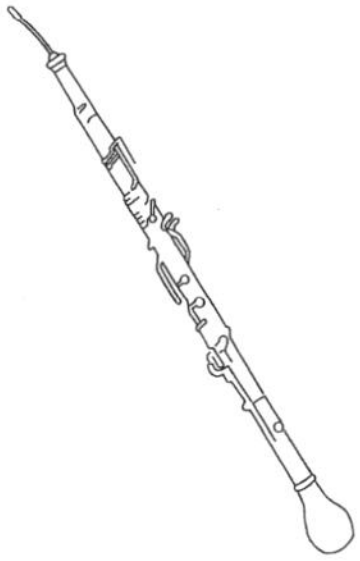
●イングリッシュ・ホルン

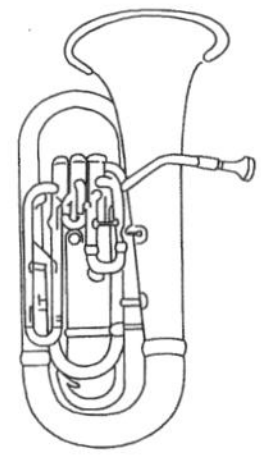
●ユーフォニューム

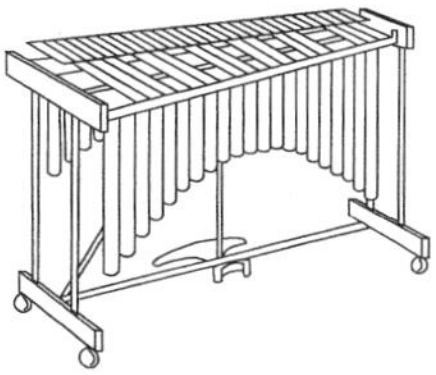
●ヴィブラフォン

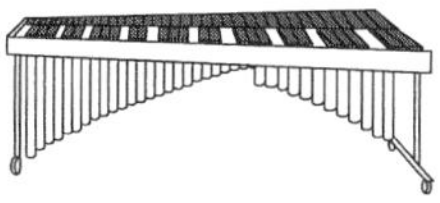
●マリンバ

(2) 演奏形態

独　奏		ピアノ，ヴァイオリンなどの楽器を単独で演奏する。
弦楽四重奏		第1ヴァイオリン，第2ヴァイオリン，ヴィオラ，チェロによる編成が最も多い。
合唱	女声二部合唱	ソプラノ，アルト
	女声三部合唱	ソプラノ，メッゾ・ソプラノ，アルト
	男声二部合唱	テノール，バス
	男声三部合唱	テノール，バリトン，バス
	混声四部合唱	ソプラノ，アルト，テノール，バス

確認問題

1 次の強弱記号の意味をア～ケ，読み方をA～Jからそれぞれ選べ。

① ***pp***

② ***mf***

③ ***f***

④ 

⑤ 

ア．弱く　イ．強く　ウ．とても弱く　エ．とても強く
オ．少し強く　カ．少し弱く　キ．特に強く　ク．だんだん強く
ケ．だんだん弱く

A．クレシェンド　B．ピアノ　C．アクセント
D．デクレシェンド　E．ピアニッシモ　F．フォルテ
G．メッゾ・フォルテ　H．フォルティッシモ　I．メッゾ・ピアノ
J．テヌート

2 次の速度標語を速い順に並べ替えよ。

① **Moderato**　② **Allegro**　③ **Adagio**
④ **Andante**　⑤ **Allegretto**

3 次の文のうち，間違っているものをすべて選べ。

① メヌエットは，4分の3拍子の舞曲である。

② 協奏曲は，独奏楽器と管弦楽のための曲である。

③ オペラは，死者の冥福を祈るために歌われる礼拝用の音楽で，カトリック教会のミサ曲の一種である。

④ フルートは木管楽器である。

⑤ 混声四部合唱は，4つのパートに分かれて合唱する。

⑥ マズルカは，ポーランドで起こった舞曲である。

⑦ 金管楽器には，オーボエ，トランペット，ホルンなどがある。

⑧ 弦楽四重奏は通常，ヴァイオリン，ヴィオラ，チェロ，コントラバスで演奏される。

2 民族音楽

●ポイント

日本の郷土の伝統音楽，及び世界の諸民族の音楽は，限りなく表現方法が多様である。それは，その土地で生きてきた人々を取りまく環境，生活の相違といえる。しかし，異質に見える各民族の音楽も比較してみると，多くの共通点がみられる。代表的な民族音楽，楽器とその地域をもう一度確認し学習しておこう。

1 日本の郷土の伝統音楽

日本の各地には，地域社会の中で伝承されてきた様々な伝統音楽がある。年中行事，祭り，仕事，祝い事などに結び付いたものが多く，時の流れとともに変化しながら人々の生活の中に力強く生きている。

2　アジア

伽倻琴 （カヤグム）	朝鮮半島の12弦の箏琴類楽器。胴の片方を膝に乗せて指で弾く。
京劇 （ジンジュ）	中国の劇音楽。役柄によって声の質が決まっている。
二胡 （アルフー）	中国の2弦の弦楽器。細かく音を揺すって演奏する。
馬頭琴 （モリンホール）	モンゴルの2弦の弦楽器。膝の間に胴をはさんで演奏する。
ガムラン	インドネシア，マレーシアの打楽器中心の合奏音楽。きらびやかな楽器の響きやリズムの構造などに特徴がある。
ケチャ	インドネシア（バリ，ジャワなど）の合唱舞踊劇。楽器を使わず，「チャッ」という声を様々なリズムで組み合わせてくり返す。
シタール	北インドの弦楽器。曲中の大部分を即興的に演奏する。
タブラー・バーヤ	インドの大小一対の片面太鼓。打ち方を使い分けることで多種の音色を出すことができる。
ウード	西アジア，アフリカ北部の弦楽器。洋梨形の木胴に2本1組にした5組の弦が張られている。
サントゥール	イランの打弦楽器。台形の木箱に多数張られた金属弦を木製の撥で打つ。

●馬頭琴

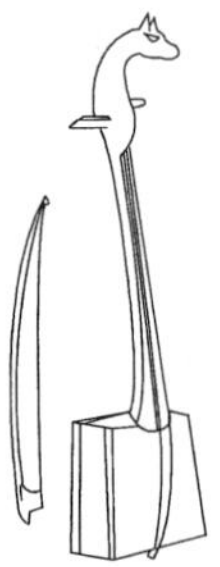

●シタール

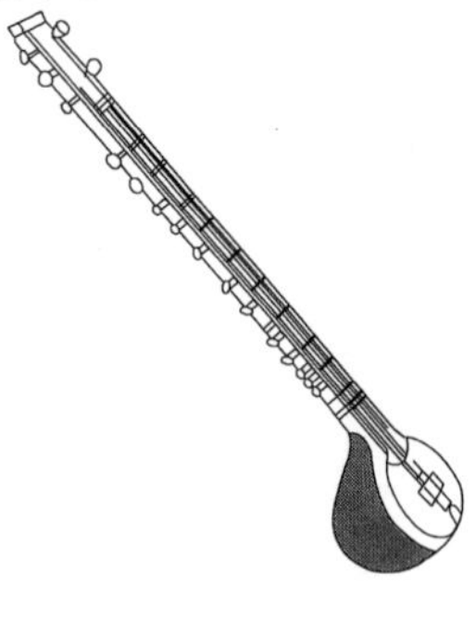

●タブラー・バーヤ

●ウード

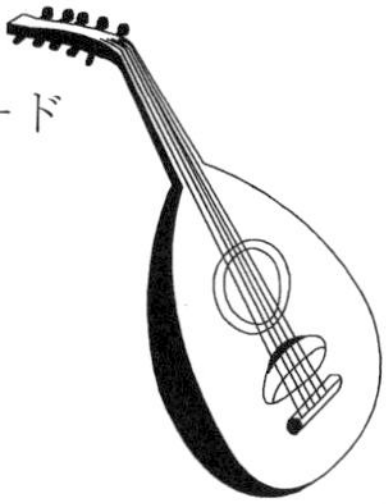

●サントゥール

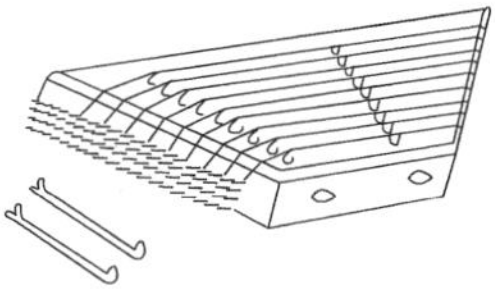

3 ヨーロッパ

ヨーデル	ヨーロッパ・アルプス地方の民謡や歌唱法。胸に響かせた声と高い裏声を交互に使う。
フラメンコ	スペイン南部・アンダルシア地方の歌と踊りとギターが一体となった音楽。
バグパイプ	スコットランド，アイルランド，イングランドの空気袋にリード付きの管を取り付けた楽器。
アルプホルン	ヨーロッパ・アルプス地方の木製の管楽器。
バラライカ	ロシアの三角形の胴をもつ弦楽器。大小各種あり，アンサンブルに活用。
ジプシー・バンド	ヴァイオリンとツィンバロム（打弦楽器）を中心とした職業音楽家たちのバンドがよく知られている。急速に変化するテンポやリズムが特徴的で，ハンガリーのものが有名。
シャンソン	フランスのポピュラー音楽。歌詞が物語になっていることが特徴で，日常使われる言葉で作られている。
カンツォーネ	イタリアのポピュラー音楽。誰でもすぐに口ずさみたくなるような明るく美しい旋律が魅力。

●バグパイプ

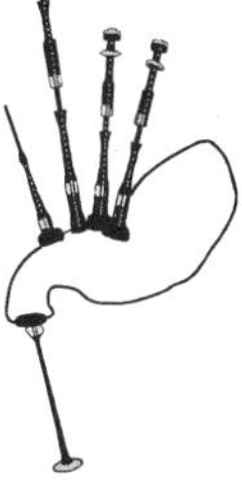

●アルプホルン

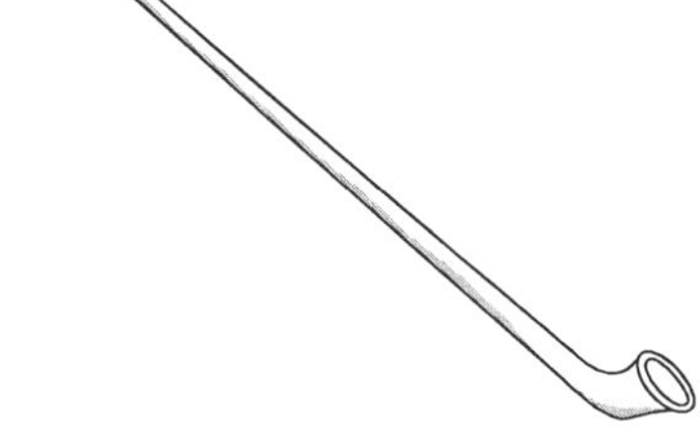

●バラライカ

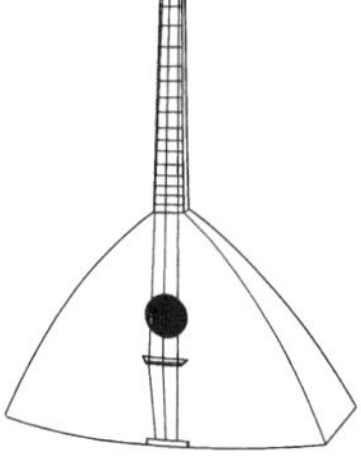

4 南北アメリカ

サンバ	19世紀末にブラジルのリオデジャネイロで起こった黒人系住民の舞踊音楽。集団で踊ったり，行列行進しながら踊ったりする，テンポの速い陽気な音楽。
タンゴ	19世紀末にアルゼンチンのブエノスアイレスで起こった舞踊音楽。主役楽器はアコーディオンの一種であるバンドネオン。
ブルース	アメリカ南部のアフリカ系アメリカ人の生活から生まれた哀愁を帯びたポピュラー音楽。ブルー・ノートを伴う音階やシンコペーションなどが特徴。
ジャズ	19世紀末から20世紀初めに，アメリカ南部のニューオーリンズのアフリカ系アメリカ人の間で生まれたポピュラー音楽。4《フォー》ビートのリズムと即興演奏が特徴。
ケーナ	ペルーなど南米のアンデス地方で使われていたインディオの縦笛。葦や竹で作られている。
ボンゴ	ラテンアメリカの一対の太鼓。
コンガ	ラテンアメリカの長い胴をもつ1枚皮の太鼓。

●ケーナ

●ボンゴ

●コンガ

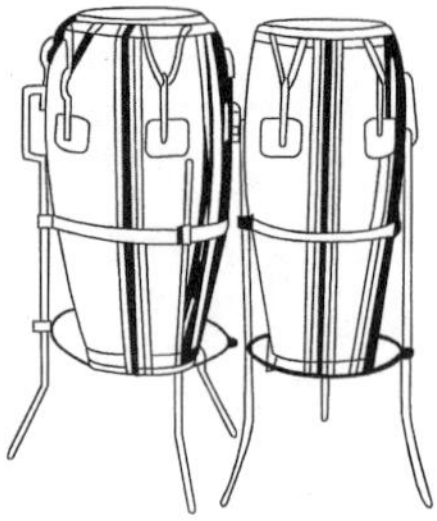

確認問題

4 次の日本の民謡・祭りと道県名の組み合わせとして，誤っているものを選べ。

① 阿波踊り ―――――――― 島根県
② こきりこ節 ―――――――― 富山県
③ ソーラン節 ―――――――― 北海道
④ 谷茶前 ―――――――― 鹿児島県
⑤ 黒田節 ―――――――― 福岡県

5 次のア～オは，A～Eの民族音楽が起こった地名である。正しい組み合わせを①～⑤から選べ。

ア．イタリア　A．シャンソン
イ．スペイン南部・アンダルシア地方　B．フラメンコ
ウ．ブラジル・リオデジャネイロ　C．タンゴ
エ．フランス　D．カンツォーネ
オ．アルゼンチン・ブエノスアイレス　E．サンバ

①	ア－A	イ－D	ウ－E	エ－C	オ－B
②	ア－D	イ－E	ウ－B	エ－A	オ－C
③	ア－A	イ－B	ウ－C	エ－E	オ－D
④	ア－D	イ－B	ウ－E	エ－A	オ－C
⑤	ア－D	イ－E	ウ－B	エ－C	オ－A

6 民族音楽に関する次の文のうち，誤っているものを選べ。

① ガムランは，インドネシアの弦楽器中心の合奏音楽である。
② 馬頭琴は，棹の先端に馬頭の彫刻をもつモンゴルの弦楽器である。
③ ケチャは，ジャワやバリなどインドネシアを代表する合唱舞踊劇である。
④ シタールは，太く長い棹をもつ北インドの弦楽器である。
⑤ 京劇は，中国の劇音楽である。

3 西洋音楽史

●ポイント

音楽の問題の大半が西洋音楽史からの出題であり，そのほとんどがバロックからロマン派の音楽の中から出題されている。ひとくちに，西洋音楽史といっても音楽の歴史だけではない。キリスト教会の歴史，フランス革命など世界の歴史とも切り離すことはできない。また，文学，美術とも非常に深く関わり，そして各国の民族音楽の影響も受けている。まず，バロック→古典派→ロマン派の時代の流れをつかむこと。そして，後期ロマン派の時期に現れた国民楽派，さらに印象派の特徴をつかむこと。また，各時代様式の作曲家と代表作品を覚えることが最も重要である。

1 古代・中世・ルネサンス（紀元前～1600年頃）

古代の音楽：中国，インド，オリエントの古代文明社会では，すでに音楽は生活や祭典などに結び付いていた。リラやハープなどの楽器が使われていたと考えられる。また，主に単旋律であった古代ギリシアの音楽は，演劇や舞踊，祭典や競技と一体となっていた。代表的な楽器には，キタラ（弦楽器）やアウロス（管楽器）などがあり，高度な音楽理論は中世の音楽に影響を与えた。

中世の音楽：キリスト教を中心として教会音楽が発達した。単旋律の聖歌を基に多声音楽が現れ，中世も後半になると教会以外の世俗音楽が盛んになり，対位法も発達した。

ルネサンスの音楽：市民階級を中心とした精神的，文化的なルネサンス運動は，古代ギリシアやローマの文化を再確認しようとするものであった。音楽では，15世紀頃からその影響がみられ，多声音楽が高度に発展し，様々な器楽曲が盛んに演奏された。

2　バロック（1600～1750年頃）

多声音楽の最盛期。オペラ（歌劇）など声楽曲が生まれ，器楽の発達に伴いフーガや協奏曲など器楽作品が多く書かれた。

ヴィヴァルディ	イタリア 1678～1741	ヴァイオリンを中心とした多くの協奏曲を作り，バロック時代の協奏曲の形式を確立した。
		協奏曲集『**和声と創意の試み**』より第1集〈**四季**〉，『調和の霊感』
J. S. バッハ	ドイツ 1685～1750	ヘンデルとともにバロック音楽の頂点を築き，「**音楽の父**」とよばれた。教会音楽と器楽曲の分野で活躍した。
		『**ブランデンブルク協奏曲**』，オルガン曲『**小フーガ ト短調**』，宗教曲『マタイ受難曲』
ヘンデル	ドイツ 1685～1759	劇的で華やかなオペラやオラトリオにより，バロック音楽を集大成し，後の音楽に多大な影響を与えた。「**音楽の母**」とよばれた。
		オラトリオ『**救世主**《メサイア》』より第2部終曲〈**ハレルヤ**〉，管弦楽組曲『**水上の音楽**』

3　古典派（1750～1820年）

和声音楽が中心となり，音楽の構成美に重点を置いて曲が作られた。ソナタ形式が確立され，ソナタ，室内楽，協奏曲，交響曲などの作品が多く書かれた。ピアノの発明，管楽器の発達，オーケストラ（管弦楽）の編成や演奏の基礎が固まった。

ハイドン	オーストリア 1732～1809	管弦楽の楽器編成やソナタ形式など，古典派音楽の基礎を確立した。100曲以上の交響曲を作曲し，「**交響曲の父**」とよばれた。
		交響曲第94番『**驚愕**』，オラトリオ『**天地創造**』

モーツァルト	オーストリア 1756～1791	幼い頃から優れた音楽的才能を示し，「**神童**」とよばれた。短い生涯に多数の作品を残し，古典派音楽の様式を確立した。
		オペラ『**フィガロの結婚**』『**魔笛**』『ドン・ジョヴァンニ』，セレナード『**アイネ・クライネ・ナハトムジーク**』
ベートーヴェン	ドイツ 1770～1827	ハイドン，モーツァルトの後を受け継いで，古典派音楽を大成するとともに，人間性を強く表現して，次の時代の作曲家たちに多大な影響を与えた。生涯には，交響曲を9曲残している。
		交響曲第3番『**英雄**』・第5番（『運命』）・第6番『**田園**』・第9番『合唱付き』，ピアノソナタ『悲愴』『**月光**』『熱情』

4　ロマン派（1820～1900年）

和声的な音楽が発展し，感情表現が重視され，即興曲や無言歌などのピアノ曲，交響詩などの標題音楽，文化的な内容をもつ曲などが多く作られた。ロマン派後期には，自国の民族の特徴を強調する国民楽派の作曲家たちが音楽創造に貢献した。

ウェーバー	ドイツ 1786～1826	ドイツのロマン主義音楽の先駆的役割を果たし，歌劇に関しては，輝かしい功績を残している。
		オペラ『**魔弾の射手**』，ピアノ曲『舞踏への勧誘』
ロッシーニ	イタリア 1792～1868	イタリア語を生かした流麗な旋律，叙唱を効果的に用いて，イタリア国民オペラを音楽的に進歩させた。
		オペラ『セビリアの理髪師』『**ウィリアム・テル**』

シューベルト	オーストリア 1797～1828	600曲以上の歌曲を残し，**「歌曲の王」**とよばれた。交響曲，室内楽曲，ピアノ曲の分野でも優れた作品が多い。
		交響曲第7番（第8番）『未完成』，歌曲『野ばら』『**魔王**』『ます』，連作歌曲集『冬の旅』
ウェルナー	ドイツ 1800～1833	歌曲の他にもピアノ曲，男声四重唱曲などを残している。とりわけ合唱曲『野ばら』によって，音楽史上にその名をとどめることとなった。
メンデルスゾーン	ドイツ 1809～1847	古典的形式美の中にロマン主義的精神を具現し，無言歌などを創始した。また，J. S. バッハやヘンデルの受難曲を復活上演したことは，高く評価されている。
		ヴァイオリン協奏曲 ホ短調，劇の付随音楽『真夏の夜の夢』，ピアノ曲『無言歌集』
ショパン	ポーランド 1810～1849	ポーランド各地の民謡を自分の音楽の骨格とし，叙情的な美しいピアノ曲を数多く残し，**「ピアノの詩人」**とよばれた。
		ピアノ曲『**英雄ポロネーズ**』『**小犬のワルツ**』マズルカ
シューマン	ドイツ 1810～1856	ドイツロマン主義の精神を代表する芸術を生み出した。また，音楽評論家としても著名である。
		ピアノ曲集『**謝肉祭**』『子供の情景』，歌曲集『詩人の恋』
リスト	ハンガリー 1811～1886	超絶的技巧をもつピアノの名人として活躍し，**「ピアノの魔術師」**とよばれた。作曲家としても前衛的で，**交響詩を創始**した。
		ピアノ曲『ラ・カンパネラ』『**愛の夢**』『**ハンガリー狂詩曲**』，交響詩『**前奏曲**』

ワーグナー	ドイツ 1813～1883	オペラを改革して，音楽，劇，文学を結び付けた総合芸術としての楽劇を創始し，19世紀後半以後の音楽家たちに多大な影響を与えた。
		オペラ『**タンホイザー**』『**ローエングリン**』，楽劇『**トリスタンとイゾルデ**』
ヴェルディ	イタリア 1813～1901	ワーグナーに刺激され，流麗な旋律をもち，劇的で華麗なイタリア国民オペラを確立した。
		オペラ『アイーダ』『リゴレット』『椿姫』
スメタナ	チェコ 1824～1884	郷土色と農民の生活感情を織り交ぜた，ボヘミア特有の音楽を作った。**国民楽派**の作曲家である。
		連作交響詩『**我が祖国**』より第2曲〈**モルダウ**（ブルタバ）〉
ボロディン	ロシア 1833～1887	ロシア国民楽派の一人として西欧で最も早く認められたが，交響曲や室内楽を重視した点でロシア五人組の中で異彩であった。
		交響詩『中央アジアの草原にて』
ブラームス	ドイツ 1833～1897	ロマン的な美しい歌曲，交響曲などにより古典派の精神を復興した。
		交響曲第1番，ピアノ曲『**ハンガリー舞曲集**』，歌曲『子守歌』，『ドイツ・レクイエム』
サン＝サーンス	フランス 1835～1921	「フランス国民音楽協会」の旗頭として，各種の音楽を発表し，近代フランスの音楽の基礎を築いた。
		管弦楽組曲『**動物の謝肉祭**』
ビゼー	フランス 1838～1875	劇音楽に優れた作品を作り，フランス国民オペラを確立した。
		オペラ『**カルメン**』，管弦楽組曲『**アルルの女**』

ムソルグスキー	ロシア 1839～1881	ロシア国民楽派の中でも特に個性の強い作品を残した。ボロディン，キュイ，バラキレフ，リムスキー＝コルサコフ，ムソルグスキーを**ロシア五人組**とよぶ。
		ピアノ組曲『**展覧会の絵**』，交響詩『禿山の一夜』
チャイコフスキー	ロシア 1840～1893	貴族的な環境と西欧的文化の中で育ち，ロシア的な要素を取り入れながらも西欧的な作風を示した。交響曲とバレエ音楽において大きな功績を残した。
		交響曲第6番『悲愴』，バレエ音楽『**白鳥の湖**』『くるみ割り人形』『眠りの森の美女』
ドヴォルザーク	チェコ 1841～1904	チェコ的，スラヴ的な民族色豊かな傑作を残した，チェコ国民楽派最大の作曲家である。
		交響曲第9番『**新世界より**』，弦楽四重奏曲第12番『アメリカ』
グリーグ	ノルウェー 1843～1907	北欧を代表する国民楽派の音楽家で，民族の叙情性を美しく表現した曲を多く手掛けた。
		管弦楽組曲『ペール・ギュント』，ピアノ協奏曲 イ短調
プッチーニ	イタリア 1858～1924	異国趣味，独特の和声と美しい旋律による表現力に才能をもつ，ヴェリズモ・オペラの代表的作曲家である。
		オペラ『蝶々夫人』『トスカ』
マーラー	オーストリア 1860～1911	後期ロマン派から近代への過渡期に位置する作曲家で，雄大な構想をもつ規模の大きな作品を残した。
		交響曲第1番『**巨人**』・第8番『一千人の交響曲』『大地の歌』

5 近代・現代（1900年～）

19世紀末から20世紀初めにかけて，音楽の流れは大きく方向を転換し，印象主義，表現主義，原始主義など新しい傾向が生まれた。第一次世界大戦後，新古典主義音楽が生まれ，無調音楽である十二音技法が確立された。第二次世界大戦後は，あらゆる音楽的概念が拡張され，様々な試みが活発化する。電子音楽，偶然性の音楽，コンピュータ音楽など，現代の音楽には多様な傾向が交錯している。

ドビュッシー	フランス 1862～1918	進歩的な画家や詩人などと交わって新天地を開き，新しい技法による**印象主義の音楽**を創始確立した。**印象派**の作曲家である。
		交響詩『海』，ピアノ組曲『ベルガマスク組曲』第3曲〈月の光〉，管弦楽曲『牧神の午後への前奏曲』
シェーンベルク	オーストリア 1874～1951	無調音楽を推し進め，十二音技法を創始し，第二次世界大戦後の音楽に大きな影響を与えた。
		連作歌曲『月に憑かれたピエロ』，グレの歌
ホルスト	イギリス 1874～1934	東洋的なテーマやイギリス民謡を用いた作品が，広く愛好されている。
		管弦楽組曲『**惑星**』より第4曲「木星」
ラヴェル	フランス 1875～1937	ドビュッシーを継ぎ，次第に独自の手法を開拓して，優れた管弦楽曲やピアノ曲を残した。「管弦楽の魔術師」とよばれた。
		管弦楽曲『**ボレロ**』『スペイン狂詩曲』，ピアノ曲『水の戯れ』
バルトーク	ハンガリー 1881～1945	郷土の民謡の旋律を作品に取り入れることにより，国民音楽を築き上げた。
		オペラ『青ひげ公の城』，ピアノ曲集『ミクロコスモス』

ストラヴィンスキー	ロシア 1882～1971	色彩的な管弦楽と野性的で強烈なリズムによる音楽が作風の基調である。20世紀音楽に多大な影響を与えた。
		バレエ音楽『**火の鳥**』『**春の祭典**』
ガーシュイン	アメリカ 1898～1937	ジャズを純音楽に結び付けた音楽を残した。
		管弦楽曲『ラプソディ・イン・ブルー』『パリのアメリカ人』，オペラ『ポーギーとベス』
ハチャトゥリャン	ロシア 1903～1978	郷土の民謡を素材とした，民俗色の強い，リズム感にあふれる作品が多い。
		バレエ音楽『ガイーヌ（ガヤネー）』
カバレフスキー	ロシア 1904～1987	民族的な色彩が適度に織り込まれ，単純な形式で明快な作風である。子どものための音楽を数多く作っている。
		管弦楽組曲『**道化師**』
ケージ	アメリカ 1912～1992	偶然性の音楽・不確定性の音楽を創始し，従来の音楽観を根本から変えるような作品を生み出した。
		『4分33秒』
バーンスタイン	アメリカ 1918～1990	作曲家として多彩な活動を繰り広げ，世界的な指揮者としても有名である。ミュージカルの他，バレエ音楽，ミサ曲などの分野でも名作を残している。
		ミュージカル『ウエスト・サイド物語』

確認問題

7 次の作曲家の作品を①～⑦の中からそれぞれ選べ。

ア．ベートーヴェン
イ．J. S. バッハ
ウ．ショパン
エ．チャイコフスキー
オ．モーツァルト

① 『小犬のワルツ』　② 『フィガロの結婚』　③ 交響曲第6番『田園』
④ 『白鳥の湖』　⑤ 『魔王』　⑥ 『ボレロ』
⑦ 『ブランデンブルク協奏曲』

8 次の作曲家のうち，ロマン派ではない作曲家を選べ。

① ロッシーニ　② ブラームス　③ ヴィヴァルディ
④ サン＝サーンス　⑤ モーツァルト　⑥ ビゼー
⑦ マーラー　⑧ ストラヴィンスキー

9 次の作曲家に関する文のうち，誤っているものを選べ。

① ベートーヴェンはドイツの作曲家で，古典派音楽を大成した。
② 交響詩を創始したのはリストである。
③ シェーンベルクは，無調音楽を推し進め，十二音音楽を創始した。
④ ヘンデルが活躍したのは，音楽史上バロック音楽の時代である。
⑤ ロマン派の音楽は教会音楽が中心で，代表する作曲家はシューベルト，メンデルスゾーンである。

4 日本音楽史

●ポイント

日本音楽史は，日本の歴史と深く関わっている。大陸音楽の伝来と日本化，日本音楽の発達の流れは，その時代背景とともにおさえておくこと。明治以降の音楽については，教科書で取り上げられている曲を中心に，作曲者と代表作品を覚えておこう。

1 平安時代（9世紀～12世紀）

外来音楽が日本化されるとともに，その影響を受けた新しい創作が行われた。

雅楽	国風歌舞	日本音楽の宗教的な声楽と舞。神楽，久米歌，東歌など。
	外来系楽舞	外来音楽を日本化した器楽と舞。管絃，舞楽など。
	世俗歌曲	外来楽器を伴奏に用いる平安時代の声楽曲。催馬楽，朗詠。
今《いま》様《よう》		鼓などの伴奏で歌った歌謡，及び，「今風の」という意味の新しい歌謡のこと。
声《しょう》明《みょう》		仏教儀式で僧侶が唱える声楽曲。梵讃（梵語による声明），漢讃（漢語による声明），講式・論義など（日本語による声明）など。

●雅楽『越天楽』

●今様の歌詞集『梁塵秘抄』後白河法皇撰

2 鎌倉・室町・安土桃山時代（13世紀～16世紀）

貴族社会の衰退とともに，武家文化，地方文化として民族的な音楽が盛んになった。

平《へい》曲《きょく》（平家琵琶）	琵琶の伴奏で**『平家物語』**を語る音楽。声明の要素を取り入れて生まれ，鎌倉時代に成立した。盲人音楽家によって伝承された。
能楽	能と狂言からなる歌舞芸能。田楽や猿楽などを取り入れ，室町時代に**観阿弥《かんあみ》・世阿弥《ぜあみ》**父子によって総合芸術として大成された。

●平曲（平家琵琶）『祇園精舎』

●能『船弁慶』観世信光

『風姿花伝』世阿弥

3　江戸時代（17世紀～19世紀）

幕府の鎖国により外国との交流が途絶え，日本的な音楽が著しく発達した。

三味線音楽	**浄《じょう》瑠《る》璃《り》**	三味線を伴奏にした〈語り物〉音楽の総称。代表種目には，義太夫節，常磐津節，清元節などがある。
	義太夫節	江戸時代に大阪（大坂）の竹本義太夫が創始した〈語り物〉の一種。人形芝居の伴奏音楽として発達した。
	長　唄	江戸時代に誕生した歌舞伎の舞踊伴奏音楽。歌舞伎の変遷とともに発達した。
箏　曲		八橋検校が，室町時代末期にできた筑紫流箏曲を基に改革，発展し，後に生田流，山田流が生まれた。
尺八音楽		読経の代わりに尺八を吹く仏教の一派である普化宗の，虚無僧専用の宗教音楽として普及した。

●長唄『勧進帳』**四世 杵屋六三郎**

●義太夫節『木遣の段』鶴沢重次郎

●箏曲『六段の調』**八橋検校**

●尺八曲『鹿の遠音』

4　明治時代～現代（19世紀～）

明治維新の大改革とともに西洋音楽が移入され，伝統音楽も大きな影響を受けた。第二次世界大戦以降は，伝統音楽の伝承，研究，現代邦楽の創作に対する意識が高まり，新しい日本音楽が生まれ育っている。

岡野貞一	鳥取県 1878～1941	アメリカ人宣教師に音楽的才能を認められ，東京音楽学校（現・東京芸術大学）に入学し，後に同大の教授となる。文部省唱歌の編集，作曲委員として多くの唱歌を作曲。
		『春がきた』『春の小川』『もみじ』『ふるさと』『おぼろ月夜』

高野辰之	長野県 1876～1947	国文学者で，邦楽，日本の演劇などを研究。岡野貞一とのコンビによる作品は有名。 『日のまる』『春がきた』『春の小川』『もみじ』『ふるさと』『**おぼろ月夜**』
滝廉太郎	東京都 1879～1903	ドイツ（ライプツィヒ音楽院）に留学したが，病気になり1年ほどで帰国した。短い生涯に，数多くの優れた作品を残した。 『荒城の月』『**花**』『お正月』『**箱根八里**』『**鳩ぽっぽ**』
本居長世	東京都 1885～1945	国学者として有名な本居宣長の6代目に当たる。 『赤い靴』『青い眼の人形』『通りゃんせ』
中田章	東京都 1886～1931	オルガン奏者としても活躍した。中田喜直の父である。 『早春賦』
山田耕筰	東京都 1886～1965	日本語を生かした歌曲を数多く作曲し，日本初の交響楽団の設立にも力を注いだ。 『**からたちの花**』『**赤とんぼ**』『**この道**』『待ちぼうけ』『砂山』
中山晋平	長野県 1887～1952	日本の大衆歌謡に大きな足跡を残した。 『**砂山**』『カチューシャの唄』『**肩たたき**』
成田為三	秋田県 1893～1945	数々の童謡を作曲し，多くの人に愛唱されている。 『浜辺の歌』『かなりや』
宮城道雄	兵庫県 1894～1956	箏曲家・作曲家。幼い時に目が不自由となったが，西洋的な要素を取り入れた作品を作り，新日本音楽を創始した。 箏と尺八の二重奏曲『**春の海**』，十七弦による三重奏曲『さくら変奏曲』
下総皖一	埼玉県 1898～1962	唱歌や童謡の作曲を通して，我が国の初等音楽教育に果たした役割は大きい。 『**かくれんぼ**』『ほたる』『電車ごっこ』

海沼実	長野県 1909～1971	日本の童謡の世界に，レコード童謡という一部門を確立した。
		『みかんの花咲く丘』『お猿のかごや』
平井康三郎	高知県 1910～2002	文部省教科書編纂委員として音楽教科書の編纂に携わる。
		『とんぼのめがね』『スキー』『ひなまつり』
中田喜直	東京都 1923～2000	童謡，歌曲，合唱曲，ピアノ曲など，様々なジャンルで多くの作品を残した。
		『夏の思い出』『小さい秋みつけた』**『雪の降るまちを』**
團《だん》伊《い》玖《く》磨《ま》	東京都 1924～2001	戦後の音楽界に多大な足跡を残した。
		『花の街』『ぞうさん』『やぎさんゆうびん』，オペラ『夕鶴』，混声合唱組曲『筑後川』
武満徹	東京都 1930～1996	欧米音楽の作曲技法を学び，伝統音楽に現代感覚を取り入れた新しい創作をした。
		管弦楽曲『ノヴェンバー・ステップス』『弦楽のためのレクイエム』

確認問題

10 日本の作曲家に関する次の文のうち，誤っているものを選べ。

① 宮城道雄が作曲した『春の海』では，箏と尺八が用いられている。

② 團伊玖磨は，東京に生まれた。『花の街』『ぞうさん』，オペラ『夕鶴』は，彼の作品である。

③ 滝廉太郎はドイツに留学した。代表的な作品に，『かくれんぼ』『カチューシャの唄』がある。

④ 山田耕筰は，日本初の交響楽団の設立に力を注いだ。

⑤ 武満徹は，伝統音楽に現代音楽を取り入れ，『ノヴェンバー・ステップス』『弦楽のためのレクイエム』などを作曲した。

11 次のア～オは，Ａ～Ｅの作曲家による作品である。正しい組み合わせを①～⑤から選べ。

ア．『おぼろ月夜』　　Ａ．滝廉太郎
イ．『赤とんぼ』　　Ｂ．中田喜直
ウ．『浜辺の歌』　　Ｃ．成田為三
エ．『夏の思い出』　　Ｄ．岡野貞一
オ．『箱根八里』　　Ｅ．山田耕筰

①	ア－Ｄ	イ－Ｃ	ウ－Ｅ	エ－Ｂ	オ－Ａ
②	ア－Ａ	イ－Ｅ	ウ－Ｃ	エ－Ｂ	オ－Ｄ
③	ア－Ｄ	イ－Ｃ	ウ－Ｅ	エ－Ａ	オ－Ｂ
④	ア－Ａ	イ－Ｄ	ウ－Ｂ	エ－Ｅ	オ－Ｃ
⑤	ア－Ｄ	イ－Ｅ	ウ－Ｃ	エ－Ｂ	オ－Ａ

12 日本の伝統芸能に関する次の文のうち，誤っているものを選べ。

① 能楽は，室町時代に観阿弥・世阿弥父子によって大成された。

② 義太夫節は，人形芝居の伴奏音楽として発達した。

③ 平曲は，『平家物語』を三味線の伴奏で語る音楽である。

④ 雅楽は平安時代に成立した。

⑤ 箏曲は，八橋検校により改革・発展し，八橋流から生田流と山田流が生まれた。

5

保健体育

Open Sesame

1 保健

●ポイント

一般教養の中では出題頻度の低い分野ではあるが，心肺蘇生法の手順や応急手当の処置の仕方は，実際に教師となったときにも必要な知識であるため，最低限の知識は把握しておく必要がある。また，エイズなどの感染症，喫煙，薬物乱用についてもおさえておこう。

1 病気とその予防

(1) 健康の考え方

① 健康の定義（WHO〔世界保健機関〕憲章前文による）

「健康とは，病気でないとか，弱っていないということではなく，**肉体的**にも，**精神的**にも，そして**社会的**にも，すべてが満たされた状態にあることをいいます。」（日本WHO協会仮訳）

② 健康寿命

WHOが発表した「健康的に生きられる期間」を示す新しい指標。平均寿命から，事故や重病などで健康を損ねていた期間を差し引いたものである。

③ 健康づくりのための活動

・**ヘルスプロモーション**…1986年にWHOが発表したオタワ憲章から生まれた概念。「人々が自らの健康をコントロールし，改善することができるようにするプロセス。」

・**「健康日本21」**…2000年から始まった「21世紀における国民健康づくり運動」の略称で，2012年度をもって終了した。その後，基本方針の見直しを図り，2013年度より「健康日本21（第二次）」が開始された。2024年度からは「健康日本21（第三次）」の開始が予定されている。

(2) 主な死因

悪性新生物（がん），**心疾患**（心臓病）※1，**脳血管疾患**（脳卒中）※2，**肺炎**が日本人の死亡原因の半数以上を占める。

※1 動脈の硬化などにより一過性に血液が流れにくくなって胸の痛みなどを生じる狭心症や，血管がつまり心筋が壊死する心筋梗塞などをいう。

※2　脳の血管障害や循環障害によっておこる急性の発作のことで，脳内の血管が破れて出血をおこす脳出血や，脳内の血管がつまって血流がとだえる脳梗塞などがある。

死亡総数に占める割合（2021年）

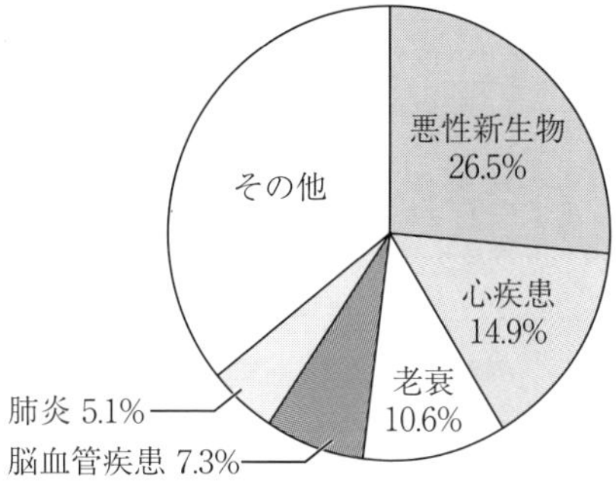

死因別にみると，死因順位の第１位は悪性新生物，第２位は心疾患，第３位は老衰となっており，死亡者のおよそ3.8人に１人は悪性新生物で死亡している。

(3)　生活習慣病

主として食習慣・運動習慣・休養・喫煙・飲酒などの生活習慣が，その発病や症状の進行にかかわる病気。悪性新生物，心疾患，脳血管疾患の他，脂質異常症（高脂血症），糖尿病，歯周病などがある。

(4)　食中毒

食物中の病原体や毒素などの摂取でおこる症状。主に，腸炎ビブリオやサルモネラ菌などの細菌性，フグやキノコなどの自然毒，水銀などの化学性の3つに大別される。

腸管出血性大腸菌（O-157）	病原性大腸菌の1つで，腸管内でベロ毒素を産生し出血性腸炎をおこす。肉類や乳製品，野菜，水などが主な感染源で，熱に弱く75℃で1分以上の加熱により死滅する。毎年，食中毒が発生しており，死亡する事例もある。
ブドウ球菌	人の鼻や咽頭，化膿した傷などに存在し，適当な温度・湿度下で耐熱性をもつ毒素を産生する。
サルモネラ菌	自然界に広く分布し，牛・豚・鶏などの家畜，犬や猫，カメなどのペットも保有している。汚染の原因となる食品は，乳製品，卵製品，肉類などで，低温や乾燥に強いが熱に弱いため，加熱してから食べるようにする。

腸炎ビブリオ	夏の海水中で発見され，魚介類の表面につきやすい。熱に弱く，また5℃以下ではほとんど増殖しない。魚介類を生で食べるときには真水でよく洗うか，酢で調理する。
ボツリヌス菌	缶詰や真空包装食品など，酸素が含まれない食品中で増殖し，耐熱性をもつ強い毒素を産生する。
ノロウイルス	冬に流行する食中毒で，手指や食品などを介して経口で感染し，人の腸管で増殖し，下痢，嘔吐，吐き気，腹痛，38℃以下の発熱をおこす。食品の中心温度85℃，1分以上の加熱により，感染性がなくなる。次亜塩素酸ナトリウム（200ppm）による消毒も有効。

(5) **感染症**

細菌やウイルスなどが体内に侵入し，そこで繁殖して引きおこされる疾病。病原体が体内に侵入してから症状があらわれるまでにはある一定の期間があり，これを潜伏期間という。

新型インフルエンザ（A/H1N1）	飛沫感染。発熱，咳，筋肉痛，下痢などが主な症状。2009年にWHOによりパンデミックが宣言された。なお，2011年4月からは，季節性インフルエンザとして取り扱うことになった。なお，インフルエンザに罹った児童生徒の学校における出席停止期間は，「発症した後**5日**（症状が出た日の翌日を1日目として数える）を経過し，かつ，解熱した後**2日**を経過するまで」と学校保健安全法施行規則で定められている。
風しん	飛沫感染，空気感染。ピンク色の発しん，発熱，リンパ節の腫脹と圧痛が主な症状。妊娠初期の妊婦が罹患すると出生児に先天性風しん症候群が起こる可能性がある。2012年以降予防接種未接種の成人を中心に流行している。
新型コロナウイルス感染症（COVID-19）	2023年5月8日より，「感染症の予防及び感染症の患者に対する医療に関する法律」（平成10年法律114号）上の新型インフルエンザ等感染症に該当しないものとし，5類感染症に位置づけられた。

(6) **エイズ**（AIDS，後天性免疫不全症候群）

① エイズとは

HIV（ヒト免疫不全ウイルス）の感染によっておこる病気。HIVは，体に外部から病原体や異物が進入したときにそれらを無害化させる免疫機能を低下させ，肺炎や悪性腫瘍など様々な病気を引きおこす。

HIV感染者（キャリア）…HIVが体内に入って，その抗体ができた人（エイズ抗体陽性者）。

エイズ患者…抗体陽性者のうち，免疫機能が低下し，日和見感染症などが発病した人。

② HIV感染からエイズ発病までの経過

HIV感染（初期に感冒様症状が出ることがある）
↓
潜伏期（発病まで数ヵ月～10年以上と長い。一般的には症状はない）
↓
エイズ関連症候群（発熱・下痢・体重減少など軽いものからエイズに近いものまで，いくつかの症状がある）
↓
エイズ発病（日和見感染症や悪性腫瘍，神経症状など）

③ HIV感染の経路

・HIV感染者との**性行為による感染**
・HIVに汚染された血液による感染（血液製剤の使用，薬物使用者間での注射器・注射針の共用）
・母子感染

このうち，HIV感染者との性行為による感染が最も多い。HIV感染者との握手や同じ食器や道具の使用，入浴，公衆便所では感染しない。また，くしゃみや咳，蚊やペットなどからも感染することはない。

なお，HIV（ヒト免疫不全ウイルス）の検査は，全国の保健所や保健センターにおいて，**匿名・無料**で実施している。

2 喫煙・飲酒・薬物乱用と健康

(1) **喫煙**

たばこの煙には，多種多様な有害物質が含まれており，喫煙者が吸う煙（**主流煙**）よりもたばこの点火部から立ち昇る煙（**副流煙**）の方に，有害物質は多く含まれている。喫煙者の近くにいるだけで，いやおうなしにたばこの煙を吸わされてしまうことを**受動喫煙**といい，非喫煙者の健康にも悪影響を及ぼす。

有害物質	作用	健康への悪影響
ニコチン	・末梢血管を収縮させ，血圧を上昇させる。 ・吸うことがやめられなくなる（依存性）。	・動脈硬化 ・喫煙の習慣化
タール	・健康な細胞をがん細胞に変化させ（発がん作用），増殖させる（がん促進作用）。	・各種のがん
一酸化炭素	・ヘモグロビンと強く結合し，血液が運ぶ酸素の量を減少させる。 ・血管壁を傷つける。	・細胞が酸素不足の状態になり，心臓に負担 ・動脈硬化
シアン化物	・組織呼吸を妨げたり，気道の線毛を破壊したりする。	・慢性気管支炎や肺気腫

※　**「健康増進法」**では，学校，病院，百貨店，飲食店などの多数の者が利用する施設を管理する者は，これらを利用する者について，望まない受動喫煙を防止するために必要な措置を講ずるように努めなければならないと定めている。

(2)　**飲酒**

①　飲酒の効用と健康への影響

飲酒は適度な量であれば，疲労回復や血行促進，ストレス解消など心身にもよい影響をもたらす。しかし，過度な飲酒を長期間続けると，肝臓に負担がかかり，肝炎や肝硬変になる危険性が高くなるほか，食道，胃，小腸などの消化器系に影響を及ぼす。また，脳への影響によって大脳の萎縮があらわれやすく，認知症が早期に発生する場合もある。20歳未満の者の飲酒は，**二十歳未満ノ者ノ飲酒ノ禁止ニ関スル法律**で禁じられている。

②　**アルコール依存症**

飲酒をやめられず心身の障害と社会的不利が生じる病気。アルコールには依存性があるため，毎日多量に飲酒し脳の細胞がたえずアルコールの影響を受けていると，飲酒をせずにはいられなくなる。この状態が進行すると禁酒した場合，手が震えたり，いらいらしたり，不眠，幻覚などがあらわれたりして，正常な社会生活を送れなくなる。

(3) 薬物乱用

① 薬物乱用とは

医薬品を本来の目的からはずれて使用したり，医薬品でない薬物を不正に使用したりすること。1度でも使用すれば薬物乱用にあたる。体をむしばむだけでなく，大脳の正常な働きを損ない，人格を破壊する。また，薬物には依存性があるため，乱用を続けると使用する量や回数が増えたり，より強い薬物を求めたりするようになり，やめたくてもやめられなくなる。

② 薬物乱用による健康の障害

おもな薬物			脳への作用	精神依存	身体依存
麻薬	アヘン型	アヘン，モルヒネ，ヘロイン	抑制	非常に強い	非常に強い
	コカイン型	コカ葉，コカイン	興奮	非常に強い	
大麻		マリファナ，大麻樹脂，液体大麻	抑制	強い	
覚せい剤		アンフェタミン，メタンフェタミン	興奮	非常に強い	
向精神薬		睡眠薬，精神安定剤	抑制	強い	非常に強い
有機溶剤		シンナー，トルエン	抑制	強い	
幻覚剤		MDMA，LSD	興奮	強い	

③ **退薬症状**（禁断症状）

薬物の効果が切れたとき，強い不安やいらいらのほか，身体全体がだるい，震えがくるといった特有の耐えがたい身体的苦痛があらわれること。

3 応急手当

(1) 心肺蘇生（CPR）とは

けがや病気で，意識の障害，呼吸の停止，心臓の拍動の停止などの状態におちいったときに，人工的に呼吸と血液循環の働きを保ち，回復させるための方法。

JRC 蘇生ガイドライン 2020

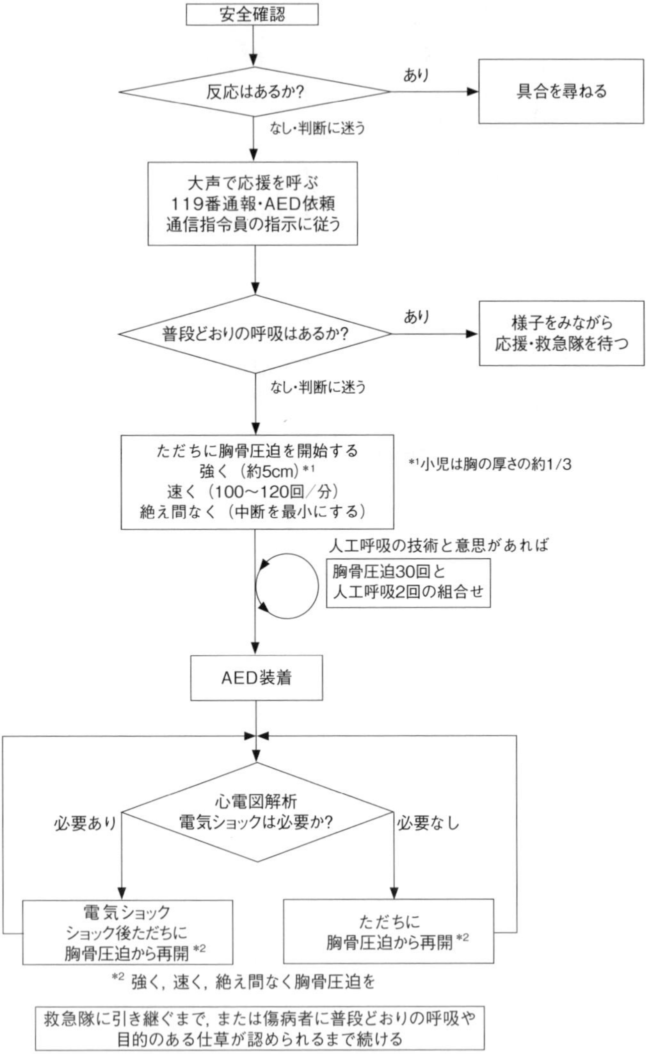

(2) けがの応急手当

① 止血の方法

人間の体の全血液量は，体重の約$\frac{1}{12}$～$\frac{1}{13}$を占めており，一時に全血液量の$\frac{1}{3}$以上を失うと生命は危険な状態となる。

直接圧迫止血法	傷口に直接清潔なガーゼや布などを当て，その上を手で強く圧迫。
間接圧迫止血法	傷口より心臓に近い動脈のある一点（止血点）を，手や指で強く圧迫する。頭部の一部と四肢にのみとることができる処置。
止血帯法	傷口から心臓に近いところを包帯や布などで固く結ぶ。

② 日常的なけがに対する応急手当

やけど	・流水で，痛みや熱さを感じなくなるまで冷やす（10～15分程度）。 ・着衣のときは，その上から水をかける。 ・水ぶくれはつぶさない。 ・やけどをした部分に薬品などを用いない。 ※成人の場合，体表面積の30％以上のやけどをすると重症となる。
凍傷	・暖かい部屋で，体温やぬるま湯で患部を温める。 ・直接患部に火を近づけたり，患部を摩擦したりしてはいけない。 ・温かい飲物を与え，身体の中から温める。
突き指	・濡れタオルや冷湿布で冷やす。 ・副木を当て，突き指した指と隣の指とを一緒に包帯で巻いて固定。 ・患部を心臓より高い位置にあげ，うっ血を防ぐ。 ・患部を引っ張ったりしない。
骨折	・骨折部位を動かさないようにし，安静にする。 ・骨折部位の上下の関節を動かさないように，副木を当てて固定する。 ・患部を心臓より高い位置にあげ，うっ血を防ぐ。

捻挫	・患部を濡れタオルや冷湿布で冷やす。 ・三角巾などで固定する。 ・患部を心臓より高い位置にあげ，うっ血を防ぐ。 ・もんだり，引っ張ったりしない。
鼻血	・鼻血を飲み込まないように頭を前傾させ，口で息をさせる。 ・鼻翼の部分を指ではさむようにして，奥に向かって圧迫する。 ・冷やしたタオルなどで，額から鼻を冷やす。 ・清潔なガーゼを鼻につめる。 ・上を向かせたり後頭部を刺激したりしない。
足がつる （こむら返り）	・足を伸ばしながら，足の指をひざの方向にそらす。 ・温湿布で温める。 ・筋肉マッサージをする。
切り傷・ すり傷	・傷口を流水でよく洗った後，消毒をする。 ・清潔な布やガーゼで傷口を覆い，包帯やばんそうこうを巻く。

③　RICE処置

捻挫や打撲，肉離れなどに対して処置する方法。けがの受傷直後に処置を適切に行うと，けがの回復が早くなる。

安静（Rest）	受傷した部位を動かさないようにある程度固定する。
氷冷（Icing）	受傷した部位を冷やす。患部の毛細血管が収縮されて内出血を抑え，腫れを防ぐことができる。
圧迫（Compression）	受傷した部位を包帯やテープを巻いて圧迫する。内出血を抑え，腫れを防ぐことができる。
挙上（Elevation）	受傷した部位を心臓よりも高く上げる。血液の心臓への戻りを促し，腫れを防ぐことができる。

(3) 熱中症

直射日光や高温多湿の環境下において激しいスポーツや労働を行った場合に，体温調節機能や血液循環機能が十分に働かなくなり，けいれん，めまい，頻脈，意識混濁などが起こる。症状の程度により3つに分けられる。

<table>
<tr><th>種類</th><th>主な症状</th><th>応急手当</th></tr>
<tr><td>熱けいれん</td><td>大量の発汗があり，水のみを補給した場合に血液の塩分濃度が低下して起こるもので，筋の興奮性が亢進して，四肢や腹筋のけいれんと筋肉痛が起こる。</td><td rowspan="3">・涼しくて風通しのよい場所に寝かせる。
・衣服をゆるめて風を送り，体を冷やす。
・吐き気がなければ，薄い食塩水やスポーツドリンクなどを飲ませる。
・顔色が青白い場合は，頭を低く足を高くして寝かせる。

※熱射病の場合は，冷たい濡れタオルで全身を拭いたり覆ったりし，扇風機などで風を送る。さらに，頸部やわきの下にアイスパックや氷をあて，体温を下げる。また，早急に救急車を呼び医療機関に運ぶ。</td></tr>
<tr><td>熱疲労</td><td>脱水によるもので，全身倦怠感，脱力感，めまい，吐き気，嘔吐，頭痛などの症状が起こる。体温の上昇は顕著ではない。</td></tr>
<tr><td>熱射病</td><td>体温調節が破綻して起こり，高体温と意識障害が特徴である。意識障害は，周囲の状況が分からなくなる状態から昏睡まで，程度は様々である。脱水が背景にあることが多く，血液凝固障害，脳，肝，腎，心，肺などの全身の多臓器障害を合併し，死亡率が高い。</td></tr>
</table>

※皮ふ血管が拡張してめまいや一過性の意識消失を起こす熱失神を加えて4つに分ける場合もある。

※重症度を具体的な治療の必要性の観点から，Ⅰ度（現場での応急処置で対応できる軽症），Ⅱ度（病院への搬送を必要とする中等症），Ⅲ度（入院して集中治療の必要性のある重症）に分ける場合もある。

〈予防〉

・直射日光の下や高温の室内で，長時間にわたる運動や作業をしない。
・屋外で運動や作業を行うときは，帽子をかぶり，できるだけ薄着をする。
・運動前にあらかじめ水分補給をしておく。
・運動中は数回に分けて水分補給する。

(4) その他の応急手当

病名	症状	処置方法
脳貧血	顔色が青白く，皮膚が冷たくなる。額に冷や汗をかき，めまいがし，意識を失って倒れる。	水平または足を高くして寝かせる。衣服をゆるめ，毛布などで全身を保温する。
てんかん	顔色が蒼白から紫色に変わっていき，顔を引きつらせたり筋肉がけいれんしたりする。意識を失い倒れる場合もある。	多くの場合，数分で平静な無意識状態に入るため，それまで，倒れるときに頭を打ったり，自分自身を傷つけたりしないよう注意する。
過換気症候群（過呼吸）	不安発作の一種で，無意識のうちに発作的に呼吸が浅くなり，めまい，手足や口のまわりのしびれを訴える。これらの症状がさらに不安を増幅させ，過呼吸をくり返すという悪循環になる。	気持ちを落ち着かせ，ゆっくりと呼吸をするように指示する。
ショック	顔面蒼白で反応が鈍くなり，顔や手に冷や汗が出て体温が下がり，体の震えや悪寒がみられる場合もある。重症の場合は，意識がもうろうとし，浅く短い呼吸をする。	仰向けに寝かせ，頭を低く，下肢を高くして寝かせる。すぐに救急車で病院に運ぶ。

確認問題

1 エイズに関する次の記述のうち，正しいものには○，誤っているものには×を記せ。

ア．エイズは遺伝する病気である。

イ．HIVに感染した人をエイズ患者とよぶ。

ウ．HIVに感染しても普通の生活ができる。

エ．蚊やハエなどを介しても感染する。

オ．HIVの感染経路として最も多いのは，血液による感染である。

カ．HIVに感染しても発病しなければ，他人にうつることはない。

キ．HIVに感染するとすぐに，だれでも自覚症状があらわれる。

ク．HIVに感染すると，急激に免疫力が低下していく。

ケ．エイズを発病すると，様々な合併症がおきる。

2 次の記述の空欄に適語を入れよ。

たばこには多種多様な有害物質が含まれている。例えば，（　A　）は，心臓の動きを速くしたり，血管を収縮させ血圧を上げたりする。また，（　B　）は，血液が酸素を運搬するのを妨げるため，息切れがしたり持久的な運動能力が低下したりする。このような有害物質は，喫煙者が吸う煙，つまり（　C　）だけでなく，たばこの点火部から出る煙である（　D　）にも多く含まれているため，喫煙していない人にも健康上の影響を及ぼすことになる。

3 次の各問いに答えよ。

(1) 医薬品を本来の医療目的から逸脱した用法や用量，目的で使用したり，医薬品でない薬物を不正に使用したりすることを何というか。

(2) シンナーは，脳の働きに対してどのような作用を及ぼすか。

4 心肺蘇生法について，正しいものの組み合わせを選べ。

ア．人工呼吸と胸骨圧迫は2：15で行い，胸骨圧迫は1分間当たり少なくとも100～120回のテンポで行う。

イ．人工呼吸がためらわれる場合は，胸骨圧迫のみを行ってもよい。

ウ．心肺蘇生法の手順は，意識の有無の確認→気道確保→呼吸の確認→胸骨圧迫と人工呼吸である。

エ．AEDとは，心室細動を起こした心臓に電気ショックを与えることで，心臓の拍動を正常に戻す機器である。

オ．気道異物による窒息により反応がない場合は，異物を取り除くまで心肺蘇生法は行わない。

①　ア，イ　②　ア，ウ　③　イ，エ　④　エ，オ　⑤　ウ，オ

5　次のうち，応急手当の処置として正しいものを選べ。

①　やけどで水ぶくれができた場合，つぶして薬をつける。

②　突き指をした場合，指をよく引っ張る。

③　凍傷にかかった場合，患部に火をあてて布で摩擦し，血液の循環をよくする。

④　鼻血が出た場合，鼻血を飲み込まないように上を向かせ，後頭部をたたく。

⑤　出血した場合はまず直接圧迫法で止血を行い，この方法で止血できない場合は間接圧迫法を用いる。

2 スポーツ

●ポイント

スポーツの分野では，各スポーツ独特の用語などについて，一般常識として幅広く知っておくとよいだろう。なお，オリンピック開催の前後に，オリンピックについての問題が出題されている。

1 スポーツの用語とルール

(1) スポーツの歴史

サッカー	原型は，中世からイギリスで行われてきたフットボール。18世紀にはパブリックスクールなどを中心に紳士を育成するスポーツの1つとして発展。1863年にサッカー協会が設立されるまで，ルールは各学校独自のもので統一性がなかった。
バレーボール	1895年にアメリカで，テニス用のラケットとバスケットボールを使って行ったのが始まりとされ，老若男女誰もが楽しめるスポーツとして考案された。
バスケットボール	冬季に室内で行える競技として，1891年にアメリカで考案された。日本では1926年に学校教育に採用され一般に普及した。
ハンドボール	前身はドイツなどで行われていた，女子のフットボールタイプの競技「トーアバル」。日本へは1922年に11人制が紹介され「送球」の名で普及した。
テニス	原型は11世紀ごろからフランスを中心に行われていた，ボールを手で打ち合う競技（ジュ・ドゥ・ポーム）。その後イギリスに伝わり，1870年代に近代テニスが考案されたといわれている。日本へは1878年に紹介されたが，輸入道具が高価だったため，日本独自のソフトテニスが誕生した。
バドミントン	起源については諸説あるが，イギリスに古くから伝わるバトルドーアンドシャトルコックとよばれる羽根つき遊びが進化したという説が有力である。日本へは大正初期に伝えられたといわれる。

(2) **球技の競技者数**（1チーム）

サッカー：11人
バスケットボール：5人
ラグビー：15人（または7人）
ホッケー：11人
バレーボール：6人（日本独自の9人制もある）
ハンドボール：7人
アメリカンフットボール：11人
アイスホッケー：6人

(3) **サッカー**

反則名	反則の内容	対応
ハンドリング	ボールを手で扱う	**直接フリーキック**：ゴールに直接シュートすることができる
プッシング	相手を押す	
ホールディング	相手を抑える	
キッキング	相手を蹴る	
トリッピング	相手をつまずかせる	
ストライキング	相手を打つ	
・危険な方法でプレーしたとき ・ゴールキーパーが6秒を超えて手でボールを保持したとき ・オフサイドがあったとき　など		**間接フリーキック**：直接シュートすることはできない
直接フリーキックとなる反則を，守備側が自陣のペナルティーエリア内で行ったとき		**ペナルティーキック**

※オフサイド…攻撃側のプレーヤーがオフサイドポジションにいて，積極的にプレーに参加したと主審が判断したとき。オフサイドポジションとは，攻撃側プレーヤーが，ボール及び後方から2人目の守備側プレーヤーより，相手ゴールラインに近い場所のこと。

(4) バスケットボール

ファウル （身体接触による違反およびスポーツマンらしくない不当な行為。反則として記録される）	**パーソナルファウル**：身体接触によるファウル	
	ブロッキング	相手の進行を不当に妨げる
	プッシング	相手を手や体で押す
	イリーガルユースオブハンズ	相手を手でたたく
	ホールディング	相手を手や腕でつかんだり押さえたりする
	チャージング	ボールのコントロールにかかわらず，無理に進行して突き当たる
	テクニカルファウル：スポーツマンらしくない行為	
バイオレーション （ファウルを除くすべての規則違反。相手チームにボールが与えられ，スローインで開始する）	**トラベリング**	ボールを持ったまま3歩以上進む。ピボットの軸足を途中でかえる
	ダブルドリブル	両手を同時にボールに触れてドリブルしたり，一度ドリブルを止めた後，再び続けてドリブルをしたりする
	アウトオブバウンズ	ボールを境界線外に出したり，ボールを持って境界線を踏んだり踏み越えたりする

(5) バレーボール

ダブルコンタクト（ドリブル）	ブロッカーを除き，同一プレーヤーが続けて2回ボールに触れたとき
キャッチボール（ホールディング，ヘルドボール）	ボールをつかんだり投げたりする
ペネトレーションフォールト（オーバーネット）	相手のプレー中のボールにネットの上から触れたとき
ペネトレーションフォールト（パッシングザセンターライン）	足がセンターラインを完全に踏み越えて相手のコートに侵入したとき
フォアヒット（オーバータイムス）	同じチームが3回を超えてボールに触れたとき（ブロックは除く）
アウトオブバウンズ（ボールアウト）	ボールが，許容空間の外側を通過し自分のコートに再び返送できないとき，ネットの下を通過したとき，ゲーム中のプレーヤー以外の人・天井・コート外の物体に触れたとき ネットを正しく越えたボールが，相手チームのプレーヤーに触れずに，相手側コート外の床や物に触れたとき

※ラリーポイント制…サーブ権の有無にかかわらず，ラリーに勝つ，あるいは相手側に反則があった場合，得点が与えられる。

※リベロプレーヤー…6人制バレーボールでの守備専門のプレーヤーのこと。バック競技者の位置でしかプレーできず，サービス，スパイク，ブロックをすることはできない。

(6) 陸上競技

トラック競技		短距離，中距離，長距離，障害走，リレー，競歩　　など
フィールド競技	跳躍競技	走り幅跳び，走り高跳び，棒高跳び
	投てき競技	砲丸投げ，やり投げ，円盤投げ，ハンマー投げ
男子	十種競技（デカスロン）	100m，走り幅跳び，砲丸投げ，走り高跳び，400m，110mハードル，円盤投げ，棒高跳び，やり投げ，1500m

女子	七種競技（ヘプタスロン）	100mハードル，走り高跳び，砲丸投げ，200m，走り幅跳び，やり投げ，800m

●トラック競技のルール

・国際陸上競技連盟のルールでは，1回でも不正スタート（最終の「用意」の姿勢をとった後，信号器の発射音を聞くまでにスタート動作を開始）をした競技者は失格となる。また，不適切スタート※をした競技者には警告が与えられ，同じ者が2回警告を受けると失格になる。ただし，国内の中学・高校生が出場する競技会では旧規則（2回目以降に不正スタートした競技者が失格）を適用することもある。

※不適切スタート

・「位置について」または「用意」の合図の後で，信号器発射の前に正当な理由もなく，クラウチングの姿勢から立ち上がったり，音声その他の方法で，他の者を妨害したりしたとき。

・「位置について」または「用意」の合図に従わない，あるいは速やかに最終の「用意」の位置につかないとき。

・「用意」の合図の後，速やかに最終のスタート姿勢に備えなかったり，最終のスタート姿勢で静止しなかったり，一旦静止した後で動いたりしたとき。

・胴体の一部が決勝線に到達したときがゴールとなる。

・リレー競走のバトンの受け渡しは，30mのテークオーバーゾーンの中で完了すること。

・リレー競走でバトンを落としたときは，その競技者がバトンを拾い競技を継続する（ただし，バトンパスの最中は前走者，次走者のどちらが拾ってもよい）。

・ハードル走では，故意にハードルを倒した場合，失格となる。

(7) 水泳競技のルール

・個人メドレーの泳法順序は，バタフライ→背泳ぎ→平泳ぎ→自由形。

・メドレーリレーの泳法順序は，背泳ぎ→平泳ぎ→バタフライ→自由形。

2 オリンピック

(1) オリンピックとは

① オリンピック

国際オリンピック委員会（IOC）主催の国際総合競技大会。夏季・冬季大会があり，ともに4年に1度開催される。フランスの**ピエール・ド・クーベルタン男爵**の提唱により，「古代オリンピックの復興」という形で，1896年にギリシアのアテネで開催されたのが始まりである。

② 国際オリンピック委員会（IOC）

オリンピック運動の最高権威機関。平和運動でもあるオリンピック運動を世界に広める一方，4年に1度のオリンピック開催を主目的に活動している。

③ 聖火リレー

古代オリンピア祭で行われていた，ギリシアのオリンピアの聖地で太陽光線から得た聖火をリレーによってオリンピックの開催地まで運ぶこと。1936年のベルリンオリンピック（第11回）以降，毎回実施されている。

(2) オリンピックの歴史（抜粋）

年	夏季オリンピック		冬季オリンピック	
1896	第1回	アテネ（ギリシア）		
1912	第5回	ストックホルム（スウェーデン） ※日本選手初参加		
1916	第6回	ベルリン（ドイツ） ※第一次世界大戦のため中止		
1924	第8回	パリ（フランス）	第1回	シャモニー（フランス）
1928	第9回	アムステルダム（オランダ） ※日本人初の金メダル		
1936	第11回	ベルリン（ドイツ） ※聖火リレーの実施		
1940	第12回	東京（日本） ※第二次世界大戦のため中止		
1944	第13回	ロンドン（イギリス） ※第二次世界大戦のため中止		
1952	第15回	ヘルシンキ（フィンランド） ※ソ連が初参加。日本16年ぶりの参加		
1964	第18回	**東京（日本）**※アジア初の大会	第9回	インスブルック（オーストリア）
1972	第20回	ミュンヘン（旧西ドイツ）	第11回	**札幌（日本）**
1992	第25回	バルセロナ（スペイン）	第16回	アルベールビル（フランス）

1994			第17回	リレハンメル（ノルウェー）
1996	第26回	アトランタ（アメリカ）		
1998			第18回	**長野（日本）**
2000	第27回	シドニー（オーストラリア）		
2002			第19回	ソルトレークシティ（アメリカ）
2004	第28回	アテネ（ギリシア）		
2006			第20回	トリノ（イタリア）
2008	第29回	北京（中国）		
2010			第21回	バンクーバー（カナダ）
2012	第30回	ロンドン（イギリス）		
2014			第22回	ソチ（ロシア）
2016	第31回	リオデジャネイロ（ブラジル）		
2018			第23回	平昌（韓国）
2020 **→2021年に延期**	第32回	**東京（日本）**		
2022			第24回	北京（中国）
2024	第33回	パリ（フランス）		
2026			第25回	ミラノ，コルティナダンペッツォ（イタリア）
2028	第34回	ロサンゼルス（アメリカ）		

3　スポーツの競技会

(1)　国内の競技会

国民体育大会（国体）	日本の総合スポーツ大会。1946年から毎年開催され，1～2月の冬季大会と，9～10月の本大会がある。最多得点の都道府県には天皇・皇后杯が与えられる。
インターハイ（高校総体）	全国高等学校総合体育大会の通称。毎年，高校生を対象にした各競技の選手権を，同時期に集中して開催。各都道府県の持ち回り開催を原則としていたが，2004年以降は原則地域開催となっている。
日本スポーツマスターズ	原則的に35歳以上の競技志向の強い中高年者を対象にした総合大会。2001年に第1回大会が宮崎県で行われてから毎年開催。

(2) 国際的な競技会

① 総合競技大会

パラリンピック	身体障害者による国際総合競技大会。1960年に第1回大会がローマで開催された。夏季・冬季のオリンピック終了後，同じ開催地で同じ競技場を使って行われる。
アジア競技大会	アジア地域の総合競技大会。4年に1度，オリンピックの中間年に夏季・冬季大会がある。1951年にニューデリーで第1回大会が開催された。
東アジア競技大会	東アジア地域の総合競技大会。日本オリンピック委員会の提唱で1991年に創設。4年に1度開催される。
ユニバーシアード	大学生の国際総合競技大会。夏季・冬季の大会があり，ともに2年に1度開催される。

② 各種競技大会

グランドスラム大会	テニスの4大大会（**全豪**オープン，**全仏**オープン，**ウィンブルドン**選手権，**全米**オープン）
デビスカップ	男子テニスの国別対抗世界選手権
フェドカップ	女子テニスの国別対抗世界選手権
トマス杯	男子バドミントンの国別対抗世界選手権
ユーバー杯	女子バドミントンの国別対抗世界選手権
スーパーボウル	アメリカのアメリカンフットボール・プロチームの優勝決定戦
FIFAワールドカップ	4年に1度開催されるナショナルチームによるサッカーの世界選手権大会
メジャートーナメント	ゴルフの4大大会（全英オープン，全米オープン，全米プロ，マスターズ）
世界陸上競技選手権大会	2年に1度開催される。2025年には東京で開催（18年ぶり3回目の日本開催）される。

確認問題

6 次の各スポーツの1チームの競技人員で誤っているものを選べ。

① バスケットボール —— 5名　② ハンドボール —— 7名
③ サッカー —— 11名　④ アメリカンフットボール —— 15名
⑤ ホッケー —— 11名

7 次の各文は，各スポーツについてのルール等の記述である。正しいものを選べ。

① 水泳競技の個人メドレーは，背泳ぎ，平泳ぎ，バタフライ，自由形の順に泳ぐ。
② バスケットボールで，一度ドリブルを止めた後，再び続けてドリブルしたときは，ホールディングの反則になる。
③ リベロプレーヤーとは，6人制バレーボールの攻撃専門のプレーヤーのことである。
④ 陸上競技のハードル走は，ハードルを故意に足で蹴って倒しても失格にはならない。
⑤ サッカーでオフサイドがあったときは，相手チームに間接フリーキックが与えられる。

8 近代オリンピックについて，次の各問いに答えよ。

(1) 日本人が初めて金メダルを取ったオリンピックの開催地はどこか。
(2) オリンピックの提唱者は誰か。

9 各種競技大会に関する次の記述のうち，誤っているものを選べ。

① アジア競技大会は，4年に1度，オリンピックの中間年に夏季・冬季大会が開催される。
② ユニバーシアードは，高校生・大学生の国際総合競技大会で，夏季・冬季の大会があり，ともに4年に1度開催される。
③ テニスの4大大会はグランドスラム大会ともよばれ，全豪オープン，全仏オープン，ウィンブルドン選手権，全米オープンがある。

④　デビスカップは男子，フェドカップは女子のテニスの国別対抗世界選手権である。

⑤　スーパーボウルとは，アメリカのアメリカンフットボール・プロチームの優勝決定戦のことである。

6

美術

Open Sesame

1 日本美術史

●ポイント

日本美術史の内容は，歴史の中の文化史と重なる部分が多いので，まず歴史の流れをつかんで，各々の時代の様式の特徴と代表的作品（文化財）を覚えていくことが望ましい。特に外国文化の影響や宗教的な影響を考えながら，その時代の人々の気持ちの表れとして作品をみていくと理解しやすいものとなる。例えば，貴族文化としての奈良・平安，武家の文化としての鎌倉・室町，そして町人文化としての江戸，というような大きな見方の中で，考えていくことが大切である。

また，近代の美術は，一人ひとりの作家が独自の特徴を持つので，作品をみながらそれぞれの作風を学び，それが西欧文化の影響をどのように受けているのかみてほしい。

1　平安時代

源氏物語絵巻

『源氏物語』を絵巻物にしたもので，人物は引目鉤鼻，建物は吹抜屋台（屋根や天井を省いて斜め上から室内を見下ろす構図法）で描かれているのが特色である。

鳥獣戯画

鳥羽僧正覚猷の作といわれる。
さる，うさぎなどの動物を擬人化して，当時の貴族社会や仏教界を風刺した。

2 鎌倉時代

平治物語絵巻

平治の乱を題材とした『平治物語』を絵巻化したもので，鎌倉中期に成立した。

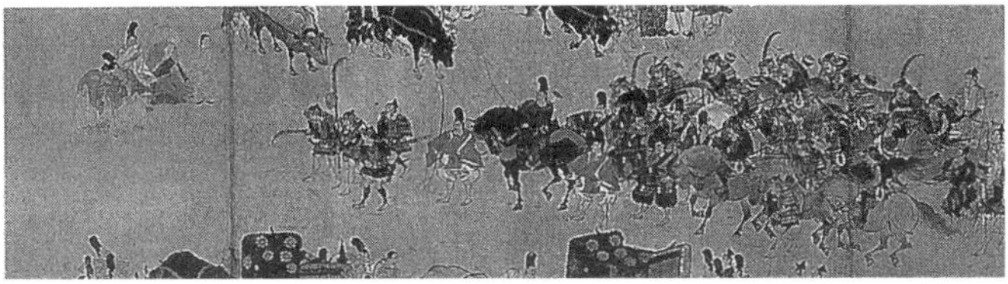

伝源頼朝像

実際の人物に似せ，忠実に写生する**似絵**《にせえ》の代表的作品である。ただし近年，頼朝とは異なるとの説がある。藤原隆信の作といわれる。

3 室町時代

■雪舟（1420～1506年）

宋・元風の日本水墨画を大成した画僧である。

▼秋冬山水図

秋冬の2幅で対になっている。

宋・元から伝えられた水墨画に倣い，墨の濃淡で立体感を表し，筆の輪郭線も併用する破墨法という用法を用いる。

4 桃山・江戸時代

■長谷川等伯（1539～1610年）

石川県の生まれ。宋元画を学んだ後，雪舟に傾倒して古典的水墨画を復興した。代表作に「松林図屏風」「大涅槃図」などがある。

■狩野永徳（1543～90年）

織田信長，豊臣秀吉に仕え，力強い筆致と濃彩で，巨大な装飾画を描いた。狩野派の第1人者である。

▼唐獅子図屏風

雌雄2頭の唐獅子の姿を大胆に描いた金碧障屏画で，この時代の豪放な風潮をよく示している。

■俵屋宗達（生年未詳～1640年頃）

江戸時代初期の画家。伝統的な大和絵を特異な構図とたらし込みなど独特の技法により近世装飾画へと昇華させた。琳派《りんぱ》の祖とされる。

▼風神雷神図屏風

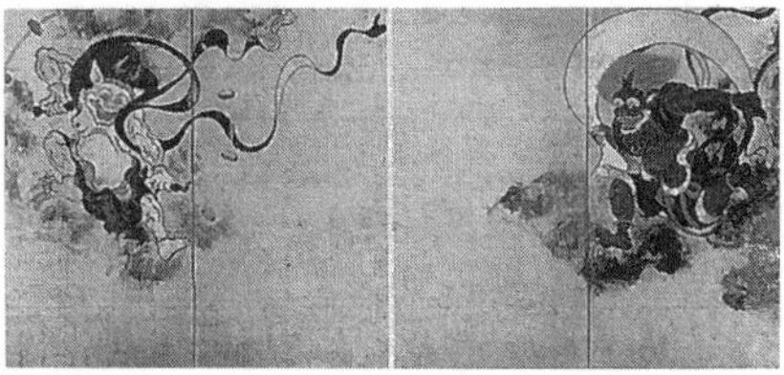

天鼓をめぐらせた雷神，風袋を両手に持つ風神が，金地の画面にユーモラスに描かれている。

■尾形光琳（1658～1716年）

大胆な構成，華麗な装飾的画風で，琳派を確立した。

▼紅白梅図屏風

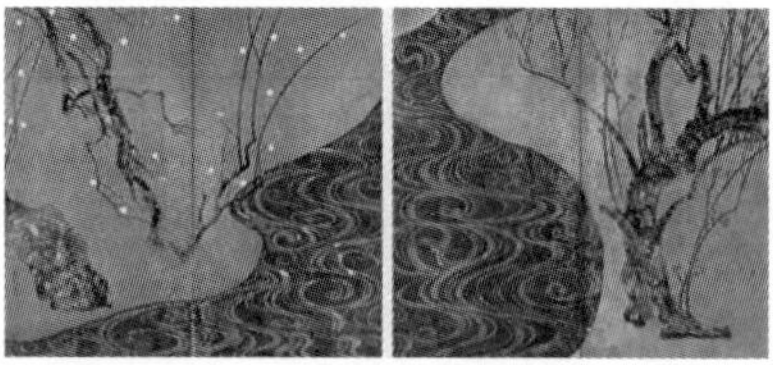

▼燕子花図屏風

■菱川師宣（生年未詳～1694年）

江戸の風俗を描いた絵本の挿絵を，優美な筆線と独自の構図で描き，浮世絵として確立させた。

▼見返り美人図

■鈴木春信（1725～1770年）

役者絵や美人画を描き，多色刷り木版画である錦絵《にしきえ》を創始した。

■喜多川歌麿（1753～1806年）

美人画に大首絵の手法を取り入れ，面長な顔と小さな目口で当時の女性の美しさを表現した。

▼ポッピンを吹く女

■東洲斎写楽（生没年不明）

1794年から翌年にかけて10ヵ月の間に，約140点の錦絵を制作した。大首絵を大成し役者絵を多く描いた。

▼三代目大谷鬼次の奴江戸兵衛

■葛飾北斎（1760～1849年）

『富嶽三十六景』で名高い江戸後期の浮世絵師で，風景版画の他，肉筆画も多く残した。また，その作品は西欧の印象派の発生に大きな影響を与えた。

▼富嶽三十六景「凱風快晴」

▼富嶽三十六景「神奈川沖浪裏」

■歌川（安藤）広重（1797～1858年）

風景画の傑作『東海道五十三次』を残した江戸後期の浮世絵師で，その他，木曽海道六十九次・名所江戸百景・近江八景などの作品がある。

▼東海道五十三次「庄野」

▼名所江戸百景
「大はしあたけの夕立」

5 明治時代以降

(1) 日本画

■菱田春草（1874～1911年）

長野県の生まれ。日本美術院の創立に参加し，横山大観らとともに日本画の近代化に尽力した。洋風画を取り入れた新しい日本画を追求した。屏風画の「落葉」のほか，「黒き猫」でも有名。

▼落葉

■横山大観（1868～1958年）

茨城県の生まれ。岡倉天心とともに日本美術院を創立し，菱田春草らと日本画革進運動を推進した。

▼無我

▼生々流転（部分）

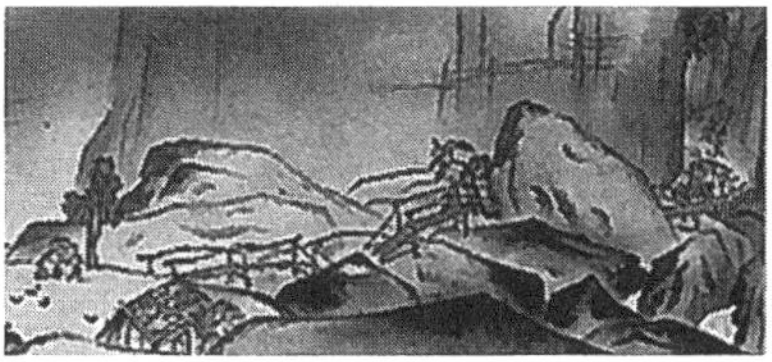

■**東山魁夷**（1908～99年）

神奈川県の生まれ。平明な風景画を多く描いた。唐招提寺御影堂障壁画「山雲濤声」も描いている。

▼**白馬の森**

■**平山郁夫**（1930～2009年）

広島県の生まれ。仏教やシルクロードをテーマにした作品を多く描いている。代表作に，「仏教伝来」「玄奘三蔵」などがある。

⑵　**洋画**

■**浅井忠**（1856～1907年）

日本最初の洋画団体である明治美術会を創立し，その中心になって活躍した。多くの油絵を描き，代表作に「春畝」「収穫」などがある。

■**黒田清輝**（1866～1924年）

鹿児島県の生まれ。フランスに留学し印象派的な外光表現の手法を学ぶ。洋画の啓蒙に努め，白馬会を結成した。

▼**湖畔**

▼**読書**

■**青木繁**（1882～1911年）

福岡県の生まれ。浪漫主義思想を代表する油彩画家で，日本の古代神話などを題材にした作品が多い。代表作に「**海の幸**」「わだつみのいろこの宮」などがある。

■岸田劉生（1891～1929年）

東京都の生まれ。セザンヌやゴッホ，デューラーなどの影響を受け，独自の写実的画風を確立した。代表作に「麗子像」「切通しの写生」などがある。

■梅原龍三郎（1888～1986年）

京都府の生まれ。フランスに留学しルノワールの指導を受けた。琳派などの影響も受け，豊かな色彩の独自な画風を確立した。代表作に「桜島」「紫禁城」などがある。

■安井曾太郎（1888～1955年）

京都府の生まれ。浅井忠に師事し，フランスでセザンヌの絵画に傾倒し，独自のリアリズムを追求した。代表作に「金蓉」がある。

(3) 彫刻

■高村光雲（1852～1934年）

東京都の生まれ。写実的な西洋彫刻に関心をもち，伝統技術を引きつぎながら，新しい時代の木彫のあり方を模索した。

▼老猿

鷲を取り逃がした老猿が，手に羽根をにぎりしめたまま，鷲の飛び去った方をにらみつけている様子を表している。発表当時，日露関係が悪化しており，ロシア皇室の紋章が鷲であったため話題となった。

■荻原守衛（碌山）（1879～1910年）

長野県の生まれ。ロダンの彫刻に感銘を受け，彫刻家を志した。

▼女

最後の作品となったブロンズ像である。ロダンの彫刻の影響を受けた，量感あふれる作風を示している。

■高村光太郎（1883～1956年）

東京都の生まれ。高村光雲の長男。ロダンの影響を受け，写実的な造形を追求した。詩人としても有名。

▼手 	手のもつ空間的広がりを巧みに表現している。仏像の手の形から着想を得て制作したといわれている。

(4)　**版画**

■棟方志功（1903～75年）

青森県の生まれ。ゴッホの絵画に感動し油絵を始め，のちに版画制作に転じる。仏教を題材にした作品が有名である。代表作に全十二作からなる「釈迦十大弟子」などがある。

tea time

日本の美術，とりわけ浮世絵が，19世紀後半から20世紀初頭にかけて，西欧の美術に強い衝撃を与えたことが知られている。西欧の美術家たちの日本美術への熱狂的な賞賛，日本美術の特質を学びとる態度 ― それをフランス語で「ジャポニスム」（日本主義）と呼んだ。

モネの「睡蓮の池」という作品には，モネの家につくられた日本風の池が描かれ，ロートレックの作品からは浮世絵で用いられる手法が多く見られる。ゴッホにいたっては「日本趣味・雨の大橋」や「日本趣味・梅の花」など，歌川（安藤）広重作「名所江戸百景」を模写した作品も見つかっている。

また，ジャポニスムは絵画においてだけでなく，陶磁器や漆器類，刀の鍔，青銅の置物や香炉，花瓶，根付，さらには扇子やうちわなどが続々と輸出され，西洋の工芸にも大きな影響を与えている。

確認問題

1 次の説明にあてはまる人物をア～カから選び，記号で答えよ。

⑴ 変化に富んだ日本の四季の風景を叙情的に風景版画として表し，その技法は外国にも大きな影響を与えた。

⑵ 岡倉天心とともに日本美術院創立に参加し，新時代の日本画の創造をめざした。

⑶ 力強い筆致と濃彩で，安土城，大坂城などに巨大な金碧障屏画を描いた。

⑷ ロダンの影響を受け，「手」など写実的な造形を追求した。詩人としても有名である。

⑸ 宋・元の画家に学び，日本水墨画を大成した。

ア．浅井忠　　イ．狩野永徳　　ウ．高村光太郎
エ．雪舟　　オ．横山大観　　カ．歌川（安藤）広重

2 次の作品の作者名をア～カから選び，記号で答えよ。

A.

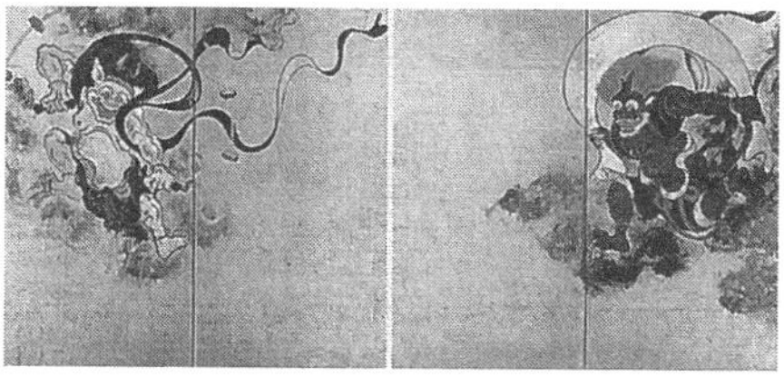

B.

C.

D.

ア．葛飾北斎　　イ．俵屋宗達　　ウ．荻原守衛
エ．高村光雲　　オ．喜多川歌麿　　カ．黒田清輝

2 西洋美術史

●ポイント

西洋美術史についてみる場合，まず中世ヨーロッパまでは，様式の名前と特徴をその代表的建築物とともに学んでおく。そして次に，ルネサンスからは絵画など作品の歴史を中心に，その移り変わりをみていかなければならない。また，近代以降は，個々の流派の主義主張と代表的作家を整理して理解しておく必要がある。

絵画に関するものが多く出題されているので，作家の名前と作品の題名，それと流派や様式（出身地や活躍した場所なども含めて）の3つを結び付けて覚えておくことが大切である。

1 古代の美術

■ギリシア

前5世紀に完成した，エンタシスの柱が特色のドーリア式の建築物である。

▼パルテノン神殿

■ヘレニズム

ミロス島で出土した，紀元前2世紀ごろの作品と推定されている。

▼ミロのヴィーナス

■ローマ

古代ローマ帝国では，実用的な文化が発展し，土木・建築技術が発展した。

▼コロッセウム（イタリア）

▼ガール水道橋（フランス）

2 中世ヨーロッパの建築

① ビザンツ

4～15世紀，ビザンツ（東ローマ）帝国でみられた建築様式で，方形または十字形の平面の上に架された大円蓋（ドーム）と，壁面を飾るモザイクが特徴である。

ハギア（セント）＝ソフィア聖堂（トルコのイスタンブル），
サン＝マルコ聖堂（イタリアのヴェネツィア）

② ロマネスク

10～12世紀の建築様式で，平面が長十字形で，壁面が大きく窓が小さいのが特徴である。半円形の入口上部に彫刻が施されている。

ピサ大聖堂（イタリア），**ヴォルムス大聖堂**（ドイツ），
カンタベリー大聖堂（イギリス）

③ ゴシック

13～15世紀の建築様式で，平面は長十字形で窓が大きく，高い尖塔をもつ。窓にはステンドグラスで聖書の中から題材をとった絵が施されている。

ケルン大聖堂（ドイツ），**ノートルダム大聖堂**（フランス），
シャルトル大聖堂（フランス），**ミラノ大聖堂**（イタリア）

3 ルネサンス

14世紀頃，イタリアを中心に，古代ギリシア・ローマを理想とする人文主義的な文芸復興運動の動きがおこった。

■**ボッティチェリ**（1444～1510年，イタリア）

官能的で優雅な女性像に優れる。晩年は神秘的傾向に走り，キリスト教を題材とした禁欲的な絵画を描いた。

▼春（プリマヴェーラ）

▼ヴィーナスの誕生

■レオナルド＝ダ＝ヴィンチ（1452～1519年，イタリア）

絵画・彫刻だけでなく，建築，土木および種々の技術にも通じていた。スフマート（ぼかし技法）を用いた作品は，後世の画家に多大な影響を与えた。

▼モナ＝リザ

▼最後の晩餐

■ミケランジェロ（1475～1564年，イタリア）

絵画・彫刻・建築に多くの優れた作品を残した。人体の構造を綿密に観察し忠実に表現しようとした。

▼ダヴィデ像

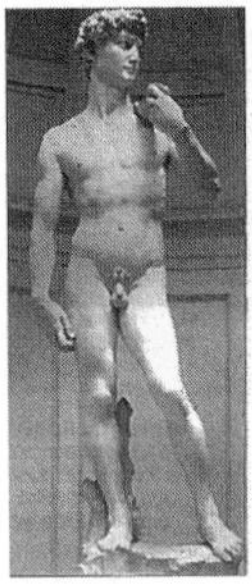

▼最後の審判

▼アダムの創造

■ラファエロ（1483～1520年，イタリア）

肖像画や聖母子像に多くの名作を残した。代表作に**「美しき女庭師（聖母子）」「アテネの学堂」**などがある。

4 バロック

バロックとは，ポルトガル語で「ゆがんだ真珠」という意味で，16世紀後半から18世紀初めまで流行した様式である。動きや明暗が強調された。

■レンブラント（1606～69年，オランダ）

幻想を細密に描いた作風で知られる。光と影を効果的に表現する明暗法を用いた肖像画を通して，近代的油絵技法を完成したほか，多くの銅版画，水彩画などを残した。

▼夜警

■ベラスケス（1599～1660年，スペイン）

スペインの宮廷画家として活躍し，多くの肖像画を残した。**「ラス＝メニーナス（宮廷の侍女たち）」「ブレダの開城」**などが有名である。

▼ラス＝メニーナス

5 ロココ

18世紀には，フランスを中心に，繊細・優美な装飾性を持つ美術が盛んになった。サンスーシ宮殿などの建築に代表される様式である。

■ワトー（1684～1721年，フランス）

宮廷の風俗や田園風景を題材とし，ロココ様式絵画の確立者とされる。**「シテール（キュテラ）島への船出」**が有名である。

■ゴヤ（1746～1828年，スペイン）

ロココ時代の宮廷画家だが，ロマン主義的要素も強い。**「着衣のマハ」「裸のマハ」「1808年5月3日」**が有名である。

6 古典主義（新古典派）

18世紀末～19世紀にかけて，ロココ様式の反動として，古代ギリシア・ローマやルネサンス美術を規範とした動きがおこった。

■ダヴィド（1748～1825年，フランス）

フランス革命に参加し，ナポレオン1世の治世には首席宮廷画家となった。代表作に「**ナポレオンの戴冠式**」「**ホラティウス兄弟の誓い**」などがある。

■アングル（1780～1867年，フランス）

ダヴィドの弟子で，古典主義の完成者とされる。代表作に「**グランド＝オダリスク**」「**ヴァルパンソンの浴女**」などがある。

7 ロマン主義

19世紀初頭から，古典主義に対して，より自由な表現を求めた絵画があらわれた。色彩を効果的に使い，情熱的・幻想的な作風が多い。

■ドラクロワ（1798～1863年，フランス）

古典主義が全盛の時代の中，実際におこった事件を題材にした「**キオス島の虐殺**」を描いて反響をよんだ。フランスロマン派の確立者とされる。他に7月革命を取材した「**民衆を率いる自由の女神**」が有名である。

▼民衆を率いる自由の女神

■ジェリコー（1791～1824年，フランス）

ドラクロワとともにロマン派の祖とされる。実際の難破事件を取材した「**メデューズ号の筏**」が有名である。

■ターナー（1775～1851年，イギリス）

歴史的風景画や田園，海洋などさまざまな風景画を残した。屋外の光の表現を追究し，後の印象派の先駆ともされる。代表作に「**雨・蒸気・速度**」「**戦艦テメレール**」などがある。

8 自然主義

19世紀前半には，身の回りの自然を描いた風景画が発表されるようになった。特に，フランスのバルビゾンで活躍した画家たちを**バルビゾン派**とよぶこともある。

■ミレー（1814～75年，フランス）

農民の生活を主題とし，農村で働く人々の姿を生き生きと描き，敬虔な信仰に満ちた風景画を多く描いた。代表作に**「落穂拾い」「晩鐘」「種をまく人」**がある。

▼落穂拾い

■コロー（1796～1875年，フランス）

農村を題材とした風景画のほか，人物画にも優れた作品を残した。**「モルトフォンテーヌの思い出」「真珠の女」**などが有名である。

9 印象派

19世紀後半には，自然主義の流れをくみながら，色調の分割によって外光の効果を表し，光と影の色彩を主観的に表そうとする画家たちが現れた。

■マネ（1832～83年，フランス）

対象をあるがままに写し取ろうとする自然主義的作風を残しながら，その作品のもつ斬新性で，ほかの画家たちによる印象派運動を引きおこした。代表作の**「草上の昼食」「オランピア」**は，いずれも不道徳であるとして物議をかもした作品として知られる。

▼笛吹く少年

■モネ（1840～1926年，フランス）

形よりも外光によって変化する色彩と光の表現を追求し，印象派の指導者とされる。日本の大衆芸術を好んだことでも有名である。

▼睡蓮

▼印象ー日の出

■ルノワール（1841～1919年，フランス）

「色彩の魔術師」とよばれ，明るく柔らかい色彩でふくよかな裸の女性や少女の肖像に傑作が多い。代表作に「**ムーラン・ド・ラ・ギャレット**」「**舟遊びをする人々の昼食**」などがある。

▼ムーラン・ド・ラ・ギャレット

■ドガ（1834～1917年，フランス）

馬や踊り子を題材とした，動きのある人物や動物の一瞬の動きを捉え，優れたデッサン力で描いた。人工的な照明による思いがけない光と影の効果のもとで描いた代表作群「**エトワール（舞台の踊り子）**」が有名である。

▼エトワール

10 新印象派

印象派の中には，パレット上で色を混合せず，点描画法で画面を表現した画家たちもいた。

■スーラ（1859～91年，フランス）

「視覚混合」の技法を開発し，新印象主義を生み出した。不思議な夢幻的印象を与える詩情あふれる作品を描く。**「グランド・ジャット島の日曜日の午後」**が有名である。

▼グランド・ジャット島の日曜日の午後

11 後期印象派

19世紀末には，視覚と色彩の尊重にとどまらず，それぞれの個性を追求する動きが盛んになった。

■セザンヌ（1839～1906年，フランス）

物の形を純粋な造形のモチーフとして考え，「自然を円筒・円錐・球として扱う」と述べ，後の立体派に大きな影響を与えた。代表作に**「サント・ヴィクトワール山」「大水浴」**「ナポリの午後」などがある。

▼大水浴

■ゴッホ（1853～90年，オランダ）

激情的なタッチと濃厚な色彩で，独特の画風を築いた。また**浮世絵**にも触れ，その影響を受けた。代表作に**「ひまわり」「アルルのゴッホの部屋」「アルルの跳ね橋」「星月夜（糸杉と村）」**などがある。

▼ひまわり

▼アルルのゴッホの部屋

▼アルルの跳ね橋

■ゴーギャン（1848～1903年，フランス）

単純化された描線や強烈な色彩を採り入れ，晩年はタヒチに移住して創作活動をした。**「我らいずこより来たり，何であり，いずこへ行くか」「黄色いキリスト」「タヒチの女」**などがある。

12 フォーヴィスム（野獣派）

色彩の開放とフォルムの単純化を主張した。「野獣がほえているようだ」という批判を受けたことからこうよばれる。

■マティス（1869～1954年，フランス）

原色の対比を多く用い，大胆な筆致を特色とする独自の画風を確立した。代表作に「ダンス」「赤い室内」などがある。

■ルオー（1871～1958年，フランス）

フォーヴィスムの画家の中でも，色彩の暗さと主題の深さが特徴的である。ステンドグラスの影響が見られる。代表作に「裁判所のキリスト」などがある。

13 キュビスム（立体派）

複数の視点から対象を観察し，形態の解体・単純化・再構成を目指した。

■ピカソ（1881～1973年，スペイン）

「青の時代」「バラ色の時代」を経て，1907年の**「アヴィニョンの娘たち」**を制作し，画家のブラックとともにキュビスムを創始した。**スペイン内戦**におけるドイツの無差別爆撃に抗議し，戦争の残虐さを訴えた大作である**「ゲルニカ」**も有名である。

▼「ゲルニカ」

▶「アヴィニョンの娘たち」

14 エコール・ド・パリ（パリ派）

パリに集まった外国人画家たちのグループを指す。共通する絵画様式はもたず，自己の世界を表現した。

■モディリアーニ（1884～1920年，イタリア）

はじめは彫刻家として活動し，のち絵画に転向した。単純化された形と精妙な色調により，哀調を帯びた独自の画風を創り上げた。代表作に「黄色いセーターを着たジャンヌ・エビュテルヌ」「庶民の娘マリー」などがある。

■ユトリロ（1883～1955年，フランス）

小路，教会，運河などの身近なパリの風景を，哀愁のこもった情緒で描いた。代表作に「コタンの袋小路」などがある。

■シャガール（1887～1985年，ロシア）

ゴッホやフォーヴィズムの影響を受け，幻想的な風景を豊かな色彩で描いた。代表作に「私と村」「夏の夜の夢」「軽業師」などがある。

15 表現主義

不安や葛藤などの感情を作品に反映させたり，既存の社会規範に対する反逆を表したりした。

■ムンク（1863～1944年，ノルウェー）

強烈な色彩表現と流れるようなタッチで，生と死の問題や人間のもつ孤独，不安などを人物画に表現した。
代表作に**「叫び」「思春期」**などがある。

▼叫び

16 シュールレアリスム（超現実主義）

夢や無意識などの世界を，幻想的に描いたり，精密な写実で描いたりした。

■ダリ（1904～89年，スペイン）

無意識や非合理の世界を卓越した技術で表現した。絵画だけでなく，版画・映画も制作した。**「記憶の固執（柔らかい時計）」「燃える麒麟」「内乱の予感」**などが有名である。

▼記憶の固執（柔らかい時計）

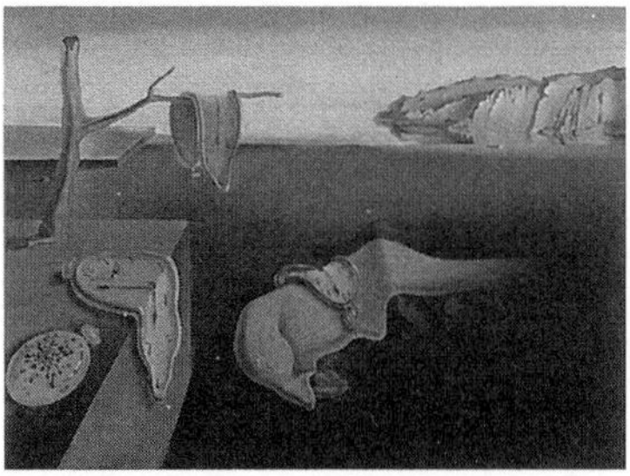

▼燃える麒麟

■マグリット（1898～1967年，ベルギー）

「イメージの魔術師」とよばれ，日常的事物やイメージを超現実的に組み合わせて幻想空間を描いた。代表作に「ピレネーの城」「光の帝国」などがある。

17 近代以降の彫刻の流れ

20世紀初めは，彫刻の復興期でもあり，ロダンが出て力強い造形性を確立した。20世紀中頃からは，独自の人間像や新しい立体表現のあり方を求めて，多くの彫刻家が多様な素材による表現を行っている。

ロダン（フランス）…**「考える人」「カレーの市民」「地獄の門」**

ブールデル（フランス）…「弓を引くヘラクレス」

マイヨール（フランス）…「地中海」

tea time

20世紀は，それぞれの主義主張による多くの流派が生まれたが，そのほかに，一人で自分の表現を求めていった人や，だんだんグループから離れて独自の表現を試みた人も多い。例えば，アンリ＝ルソーは，税関吏のかたわら独学で絵を学んだ人である。最初は，稚拙な作品として嘲笑を浴びていたが，次第に認められるようになる。彼の作品は，単純で，素朴な表現が大きな魅力であるだけでなく，幻想的な世界へみる人をひきずり込んでしまう不思議な力を持っている。代表的作品は，「戦争」「眠れるジプシー女」「蛇使いの女」「夢」などである。

また，このようなアカデミックな理論や技術と無縁な素人画家に対して，素朴画家という概念もある。

確認問題

3 次の芸術様式を時代の古い順に並べ替えよ。

A．ルネサンス　B．ゴシック　C．ロマネスク
D．ロココ　E．バロック

4 次の説明にあてはまる人物名を答えよ。

(1) 「印象－日の出」の作者で，外光によって変化する色彩と光の表現を追求した。日本の大衆芸術を好んだことでも有名である。

(2) 「近代絵画の父」とよばれ，静物画に力を注ぎ「サント・ヴィクトワール山」などを描いた名作が残されている。

(3) 激情的なタッチと濃厚な色彩で独自の画風を築く。浮世絵に強く興味をもち，「名所江戸百景・大はしあたけの夕立」の模写や「タンギー爺さん」でその手法を用いた。

(4) 農民の生活を主題とした風景画を多く描き，代表作に「落穂拾い」がある。

(5) 「近代彫刻の生みの親」といわれ，鋭い写実的技法を駆使して情念や情熱をさまざまなモチーフによって表現した。代表作に「考える人」「地獄の門」がある。

(6) ルネサンス期最大の万能人として知られ，代表作に「最後の晩餐」「モナ＝リザ」がある。

5 次の画派に該当する人名をア～キより選べ。

(1) ロマン主義　(2) 新印象派　(3) フォーヴィスム（野獣派）
(4) キュビスム（立体派）　(5) エコール・ド・パリ
(6) シュールレアリスム（超現実主義）　(7) 印象派

ア．ルノワール　イ．スーラ　ウ．ピカソ　エ．ダリ
オ．ルオー　カ．ユトリロ　キ．ドラクロワ

3 美術理論

●ポイント

美術分野の中でも，出題率の低い分野ではあるが，版画の種類，彫刻刀の種類，色彩についてはおさえておく必要がある。その際，実際の製作のことや，日常での色の使い方などを思い描きながら学習すると理解しやすい。

1 版画の種類

版の種類	主な版画の種類	作製方法
凸版	木版画 紙版画	版の凸部にローラーでインクをつけて，ばれんなどで刷る
凹版	**ドライポイント** **エッチング**	版の凹部にインクをつめ，プレス機を使って写し取る
孔版	**シルクスクリーン** **ステンシル**	版にインクの通る穴をあけ，スキージーなどを使ってインクを押し出す
平版	**リトグラフ**	水と油が反発しあうことを利用して，インクのつかない面を作る

2 彫刻刀の種類

刀の種類	形状	特色
丸刀		丸い線ややわらかい線，広い部分を彫る
三角刀		鋭く細かい線を彫る
平刀		広い部分を彫ったりぼかした感じを表したりする
切り出し刀		輪郭線や細かい線，文字などを彫る

3 色彩

■色の種類

無彩色	**白・黒・灰**	明度のみをもつ
有彩色	白・黒・灰以外の色すべて	色相・彩度・明度をもつ

■色の三要素（三属性）

色相	色合い・色味のこと
明度	明るさの度合いのこと 白が最も明るく，黒が最も暗い
彩度	鮮やかさの度合いのこと 各色相の中で最も鮮やかな色を**純色**という

■色相環

有彩色を色相の似ている順に並べてできる輪で，各色相の純色12色による色相環が一般的である。

色相環で向かい合う色は**補色**関係にある。補色同士の組み合わせは，最も鮮やかで強い配色となる。

■三原色

混色によりほとんどの色を作ることができ，また，3色のうち1色は他の2色によって作ることができない。

色の三原色	赤紫（**マゼンタ**，赤）・黄（**イエロー**）・緑みの青（**シアン**，青） すべて混合すると黒に近い色となる。
光の三原色	黄みの赤・紫みの青・緑 すべて混合すると白色光になる。

■色の混合

加算混合 （加法混色）	混合により明度が高くなるもの 例）カラーテレビ，照明
減算混合 （減法混色）	混合により明度が低くなるもの 例）絵の具，塗料

4 レタリング

文字のデザインのことであり，主に次のようなものがある。

明朝体	永	縦線が太く，横線が細い。 横線の右端には，うろことよばれる三角形の山型がつく。 書籍などの本文に使われる基本的な書体。
ゴシック体	**永**	全体的にほぼ同じ太さである。 見出し語や文中の強調したい言葉などに用いる。
ローマン体	A	欧文書体の一つ。縦線が太く，横線が細い。
サンセリフ体	**A**	欧文書体の一つ。セリフ（ひげ飾り）のない書体で，ゴシック体に相当する。

5 焼物の制作過程

1）**成形**…よく練った粘土を使い，形をつくる。手びねり，ひもづくり，板づくり，型づくり，ろくろづくりなどがある。
厚さが均等になるようにし，空気が入らないようにする。

2）**乾燥**…成形した粘土を乾燥させる。半乾きのときに手を加えることもある。急に乾燥させないように，日陰で内部や下側までゆっくり乾かす。

3）**素焼き**…750～850℃で焼き，ゆっくり温度を下げる。
焼成時間は6時間内外。

4）**施釉**…釉薬をかける。
下絵つけを施釉の前に行う場合もある。

5）**本焼き**…1200～1300℃まで温度を上げて焼く。

〈参考〉

日本の伝統工芸

① 陶磁器

名 称	産 地
相馬《そうま》焼	福島県
益子焼	栃木県
九谷《くたに》焼	石川県
越前焼	福井県
瀬戸焼	愛知県
常滑《とこなめ》焼	愛知県
美濃焼	岐阜県
萬古《ばんこ》焼	三重県
信楽《しがらき》焼	滋賀県
清水焼	京都府
丹波焼	兵庫県
備前焼	岡山県
砥部《とべ》焼	愛媛県
伊万里《いまり》焼（有田焼）	佐賀県
平戸焼（三川内《みかわち》焼）	長崎県
壺屋焼	沖縄県

② 漆器

名 称	産 地
津軽塗	青森県
川連《かわつら》漆器	秋田県
鳴子漆器	宮城県
会津塗	福島県
村上堆朱《ついしゅ》	新潟県
木曽漆器	長野県
高岡漆器	富山県
輪島塗	石川県
山中漆器	石川県
若狭塗	福井県
飛騨春慶	岐阜県
紀州漆器	和歌山県
香川漆器	香川県

確認問題

6 次の図は彫刻刀を示したものである。それぞれの彫刻刀の名称を答えよ。

(1) 　(2) 　(3) 

7 色彩に関する次の記述の空欄にあてはまる語句を答えよ。

(1) 色は，有彩色と（　A　）に大きく分けることができる。

(2) 色の三要素は，色相，明度，（　B　）である。

(3) 12色相環において，例えば「赤」と「青緑」のように互いに向かい合う色同士のことを（　C　）という。

(4) 色の三原色は，赤，黄，（　D　）である。

(5) 混合により，明度が高くなることを（　E　）混合という。

8 レタリングで，縦線と横線の太さがほぼ同じ書体を次から選べ。

① ローマン体　② ゴシック体　③ イタリック体
④ 明朝体　⑤ 行書体

9 日本の伝統工芸品とその産地との組み合わせとして正しいものを次から選べ。

① 備前焼 ―― 山口県
② 信楽焼 ―― 福井県
③ 輪島塗 ―― 石川県
④ 久谷焼 ―― 新潟県
⑤ 伊万里焼 ―― 長崎県

確認問題
解答解説

Open Sesame

1 国語

1

③

解説

① 相殺（ソウサイ）
② 完遂（カンスイ）
④ 出納（スイトウ）
⑤ 凡例（ハンレイ）

2

① 記憶　② 解熱
③ 指摘　④ 架空
⑤ 機嫌

3

⑤

解説

① 妨害　② 貨幣
③ 徐行　④ 収穫

4

① 納　② 測　③ 換
④ 極　⑤ 撮

5

①

解説

② 保証　③ 追究
④ 清算　⑤ 鑑賞

6

②

解説

① 絶体絶命が正しい。
③ ボウジャクブジンと読む。
④ 意味深長が正しい。
⑤ 「枝葉末節」の意味。「天衣無縫」の正しい意味は，詩歌などで技巧のあとがなく，しかも美しいこと。

7

④

解説

「情けは人のためならず」：人に情けをかけておけば，それが巡り巡って自分によい報いがある。人に情け深く親切にせよという教え。

8

②

解説

「気が置けない」：遠慮したり，よけいな気をつかったりする必要がない。心を許し，うちとけて接することができる。
㊟「気が置ける」：なんとなく緊張したり，気づまりしたりする。

9

⑤

解説

「朝令暮改」の意味である。「朝三暮四」は，目先の違いにとらわれて，全体としての結果は同じであることに気がつかないこと。口先で人をごまかすこと。

10

⑤

解説

① 自分の力が及ばなくて参る。

② 子どもが可愛いければ，甘やかして育てるよりも苦しい旅をさせて人生のつらさや苦しみを経験させる方がよい。

③ やわらかなものは固いものより物事に耐えられる。

④ いくら意見をしても少しも効き目がない。

11

④

解説

① 大きな水がはいってしまった→大きく水をあけられた

② 腹が煮えくり返る→はらわたが煮えくり返る

③ 魚を得た水→水を得た魚

⑤ 糠みそに釘→糠に釘

12

②，④，⑤

解説

① 「こちらの資料をご覧下さい」が正しい。

③ 「あちらの交番でおたずねになって下さい」が正しい。

13

④

解説

① いただいて→お受け取りになって（お納め）

② お目にかかって→会って

③ 外出していらっしゃいます→外出しております（います）

⑤ 参られた→来られた，いらっしゃった，など。

14

⑤

解説

① 着れない→着られない

② 来れますか→来られますか

③ 出れません→出られません

④ 食べれます→食べられます

15

②

解説

例文中の「で」は助動詞「だ」の連用形。①格助詞，③形容動詞の連用形活用語尾，④助動詞「そうだ」の連用形の一部，⑤接続助詞「て」の濁音形

16

⑤

解説

①②拝啓，謹啓には敬具，敬白など，③④前略，冠省には草々，不備，不一が正しい。⑤急啓に適切な結びの言葉は不一のほか，草々，以上を用いることができる。「かしこ」は女性が用いる言葉で，これに対する書き出しの言葉は「一筆申し上げます」が妥当。

17

(1) 1．徒歩で
　　2．行ってみたいと思ったけれど

(2) 1．おはしけれ　　2．いひける

(3) ③

解説

(1)　2．「ゆかしかり」は「行きたい」「見たい」「聞きたい」などの意がある語で心が惹かれる状態をいう。文脈に応じて意味を考える。

(2)　係り結びの法則。「ぞ・なむ・や・か」は連体形，「こそ」は已然形につながる。

〈口語訳〉

仁和寺にいた法師は，年をとるまで石清水八幡宮を拝んだことがなかったので，情けなく思って，あるときふと思いついて，ただ一人で徒歩で参詣したそうだ。そして，極楽寺や高良などを拝んで，(石清水八幡宮は)これだけだと思って寺に帰ってきたそうだ。そこで，仲間の者に向かって，「長年気にかかっていたことをやっと果たしました。聞いて予想していた以上に，尊くていらっしゃった。それにしても，参詣した人がいずれも山へ登って行ったのは，一体どんなことがあったのだろうか。私も行ってみたいとは思ったけれど，神様にお参りするのが本来の目的だと思って，その山までは見ないで帰ってきました。」と言ったそうである。少しのことにも案内役はあってほしいものである。

18

③

解説

③は柿本人麻呂の歌である。

19

①

解説

それぞれの作者は②小林一茶，③松尾芭蕉，④山口素堂，⑤千代女である。また，各俳句の季語と季節は以下の通りである。①菜の花(春)，②雀の子(春)，③夏草(夏)，④青葉，山ほととぎす，初松魚(夏)，⑤朝顔(秋)

20

③

解説

今昔物語集は平安時代に成立した説話集。現存最大の説話集である。説話とは，人々の間に語り継がれてきた話のことである。

21

④

解説

『レ・ミゼラブル』はゲーテではなく，フランスの作家ユーゴーの作品。ゲーテはドイツの作家で，代表作は『若きウェルテルの悩み』など。

22

①　**オ**　②　**ア**　③　**エ**　④　**キ**
⑤　**ケ**

23

①　**方丈記　鴨長明**
②　**坊っちゃん　夏目漱石**
③　**土佐日記　紀貫之**
④　**源氏物語　紫式部**

2 倫理

1

(1) デカルト　(2) パスカル
(3) ベンサム　(4) ソクラテス
(5) ベーコン

2

④

解説

① デューイの著書，考え方である。
② 『方法序説』はデカルトの著書。
③ サルトルは実存主義者。
⑤ 『法の哲学』はヘーゲルの著書。また，マルクスは社会主義の思想家である。

3

①

解説

A.「一般意志」はルソーのキーワード。
B.「自然権を譲渡」はホッブズのキーワード。
C.「抵抗権」はロックのキーワード。

4

A. 仁　B. 礼　C. 論語

5

②

解説

① 朱子は朱子学者で，「理気二元論」で有名。
③ 荀子は儒家で，「性悪説」で有名。
④ 老子は道家で，「道」「無為自然」で有名。
⑤ 荘子は道家で，「真人」で有名。

3 英語

1

(1) **patient** (2) **sea［ocean］**
(3) **weight** (4) **crew**
(5) **personality**

2

③

解説

③ 費用を示す場合はcostを用いる。takeは「(時間が) かかる」という意を表すときに用いる。

3

(1) **ア** (2) **ウ** (3) **ウ** (4) **イ**
(5) **ア**

解説

(1) (台所) は家の，食べ物が調理される場所である。

(2) 例えば社会における特定の人間の集団といったものに対しての，いわれない嫌悪や好意を (偏見) と呼ぶ。

(3) (あいさつ) は，人に会った時に親愛の情や喜びを表すために言ったりしたりすることである。

(4) 昼の終わりで夜の早いうちは (夕方) である。

(5) 人の歯を検査し，治療する資格を与えられている人は (歯科医) である。

4

(1) **生け花**
(2) **ひなまつり［桃の節句］**
(3) **相撲**

解説

(1) フラワー・アレンジにおける日本の伝統的芸術。

(2) お内裏様，おひな様やその他の着物を着た人形を飾る，女の子のための日。

(3) 国自体と同じぐらい古い日本のレスリング。2人の男がワラで作られた輪の内側で戦う。

5

⑤

解説

① 悲劇－喜劇
② 楽観主義者 (楽天家) －悲観論者
③ 消極的な－積極的な
④ 輸入－輸出
⑤ 含む－減る

「除く」はexclude，「増える」はincrease

6

③，④

解説

① 動物を表す単語
(ア．うさぎ，イ．犬，ウ．猫，エ．ねずみ)

② 体の一部を表す単語
(ア．頭，イ．手，ウ．お尻，エ．踵)

③ エ以外は文具を表す単語
(ア．鉛筆，イ．消しゴム，ウ．ノート，エ．バッグ)

④ ウは国名。その他は首都名。

⑤ スポーツを表す単語
(ア．テニス，イ．ゴルフ，ウ．バスケットボール，エ．サッカー)

7

①, ④

解説

① 世界保健機関

② 国内総生産

（GDP：Gross Domestic Product）

③ 世界貿易機関

（WTO：World Trade Organization）

④ 国連平和維持活動

⑤ 政府開発援助

（ODA：Official Development Assistance）

8

(1) ケ　(2) エ　(3) カ　(4) ア

(5) キ　(6) イ　(7) オ　(8) ウ

(9) ク

9

(1) ウ　(2) ア　(3) エ　(4) ウ

(5) イ

解説

(1) drop a line「短い手紙を書く」

(2) let alone～　「～は言うまでもなく」

(3) hang up　「電話を切る」

(4) be sure to～　「必ず～する」

(5) 単位を表すby

10

(1) **last**　(2) **rule**　(3) **look**

(4) **explain**

解説

(1) finally = at last「ついに」

(2) generally = as a rule「一般に」

(3) take care of～ = look after～「～の世話をする」

(4) account for～ = explain～「～を説明する」

11

(1) **out**　(2) **with**　(3) **to**

(4) **to**　(5) **backs**

解説

(1) inside out「裏返しに」

(2) have nothing to do with～　「～とは関係がない」

(3) look forward to～　「～を楽しみにする」

(4) according to～　「～によれば」

(5) behind one's back　「（人の）陰で」

12

(1) **had studied**　(2) **Whatever**

(3) **As soon as**

(4) **no more than**　(5) **enough**

(6) **neither（nor）does**

(7) **does**　(8) **As**

(9) **any other**　(10) **impossible**

解説

(1) I wish + S + 過去完了形　「Sが～すればよかったのに」と過去の事実と反対の願望を示す。

(2) no matter what～ = whatever～　「何が～であろうとも」

(3) on～ing = as soon as S + V～　「～するとすぐに」

(4) no more than～ = only～　「～しか」

(5) so + 形容詞（副詞）+ as to～ = 形容詞（副詞）+ enough to～　「～するのに十分…」

(6) neitherが文の始めにくると「動詞（助動詞）+ 主語」の語順になる。「～もまた～でない」の意。

(7) so + V + S　「～もそうである」

(8) as　「～につれて」

(9) 比較級 + than + any other + 単数名詞で最上級の意を表す。

(10) there is no ～ing = it is impossible～

「～できない」の意。

13

(1) **I couldn't but feel sorry for him.**

(2) **It is true that he is rich but he isn't kind.**

(3) **Get up early, and you will catch the first train.**

(4) **I had my purse stolen in the bus.**

(5) **He makes it a rule to take a walk before breakfast.**

解説

(1) ～せずにはいられない = cannot but～

(2) なるほど～だが… = It is true that～, but…

(3) ～しなさい，そうすれば… = 命令文, and…

(4) Aを～される = have + A + 過去分詞

(5) ～することにしている = make it a rule to～

14

(1) イ　(2) ウ　(3) オ　(4) イ
(5) ウ

解説

(2) know better than～「～ほどばかではない」

(3) the last person to～「もっとも～しそうにない人」

(4) as if + S + 仮定法過去「まるで～であるかのような」

15

(1) (h)　(2) (g)　(3) (a)　(4) (c)
(5) (e)

解説

(1) 「1つの頭脳より2つの頭脳の方が良い」

(2) 「やるより言う方が簡単」

(3) 「転がる石はこけがつかない」

(4) 「悪い知らせはたちまち伝わる」

(5) 「練習すれば完全になる」

16

(1) エ　(2) イ　(3) ア　(4) オ
(5) ウ

解説

デパートや店での店員と客との会話は，ある程度決まった型をとるので，慣れておくと楽である。例えば店員の「いらっしゃいませ」で始まり，「何にいたしましょう」「～がほしいのですが」「これはいかがですか」「おいくらですか」「○○ドルです」「それをください」「ありがとうございます」という流れにあるのが普通である。
(1)は会話のはじめであるので「いらっしゃいませ」が適当であろう。「いらっしゃいませ」の表現には，May [Can] I help you ? のほかHow can I help you ? や，What can I do for you ? などがある。(4)は直前のHow much is it ? に対する答えでなければならない。(5)はI'll take it. に対する答え。

〈全訳〉

店員：いらっしゃいませ。
ブラウン氏：かばんがほしいのですが。
店員：これはいかがでしょう。
ブラウン氏：素敵ですが，小さめのものはありますか。
店員：ございます。では，これはいかがですか。
ブラウン氏：それがいいです。いくらですか。
店員：20ドルです。
ブラウン氏：それをください。
店員：ありがとうございます。

17

(1) エ　(2) イ　(3) ア　(4) カ
(5) ウ　(6) オ

解説

Hello. は，日本語の「もしもし」にあたる表現。「こちらは○○です」はThis is ○○ speaking. を用いる。

ウはlook forward to～で「～を楽しみにする」の意味になり，よく進行形で使われる。toのうしろは名詞または動名詞がおかれる。日本語では，電話で相手の名を言って呼び出してもらうとき「○○さんお願いします」などと言うが，それにあたる表現はエのMay I speak to ○○? になる。オのcallingは，動名詞。前置詞forの後だからである。

〈全訳〉

ナンシー：もしもし。
ケンジ：もしもし。こちらはケンジです。
ナンシーお願いします。
ナンシー：ナンシーよ。
ケンジ：やぁ，ナンシー。今度の土曜日は暇？
ナンシー：ええ。
ケンジ：体育館でのポップコンサートに行かないかい？
ナンシー：すてきね。行きたいわ。
ケンジ：それを聞いてうれしいよ。体育館の前で7時に会おう。
ナンシー：いいわ。楽しみにしてるわ。
ケンジ：じゃあ，今度の土曜日に。さようなら。
ナンシー：お電話ありがとう。さようなら。

18

(1) エ　(2) イ　(3) カ　(4) ウ
(5) オ

解説

Is Mary in ? は「メアリーは（家に）いますか？」の意味で，inには「在宅している」という意味がある。as I've movedのmoveは「引っ越す」の意味。

イは「どちら様ですか，誰ですか？」と電話をかけてきた相手を確認する表現で，丁寧に言うときはMay I askを前につける。ウのthat's very kind of youは，it is very kind of youとも言い，「あなたは親切ですね」という意味だが，「それはご親切に」や「ありがとう」などと訳されることが多い。on a tripは「旅行中で」の意味である。この前置詞onは〈従事〉を表し，on duty「勤務中で」，on holiday「休暇中で」，on business「仕事で，商用で」などのように用いる。キのcold as iceは比喩的表現で，文字どおり「氷のように冷たい」ということ。

〈全訳〉

スーザン：メアリーはいますか？
トム：いえ，今，旅行中です。彼女は今度の月曜日まで帰ってきません。どちら様ですか？
スーザン：こちらはスーザンです。私引っ越したので，彼女に私の新しい電話番号を教えたかったんです。
トム：おや，それはご親切に。
スーザン：私がお話してるのはメアリーのお父さんですか？
トム：そうです。
スーザン：ああ，よかった。じゃあ電話番号ですけど……。
トム：ちょっと待って下さい。メモするペンを取ってきます。

19

(1) カ　(2) ア　(3) ケ　(4) オ
(5) エ

解説

空欄(1)のあとにのみ？マークがあることより，ここにのみ疑問文が入ることがわかる。選択肢ア～コのうち疑問文はイ，カ，ク，コの4つ。ここをうまく答えれば，残りの3つの選択肢は消すことができる。この空欄の疑問文に対する返事は，I'm sorry I don't. である。don'tと答えていることから，一般動詞Do you～? の疑問文に対する返事であると推測できる。イとコは助動詞canを使っているため不適。クはbe動詞を使っているためこれも不適。しかもク，コはwhat，whereという疑問詞を使った疑問文であることからも除外できる。もちろん意味内容が全てわかればそれで解けてしまうものではあるが，その意味がはっきりとつかめない，という場合は，このような文法的アプローチが効果的である。会話文中のlook for～は「～を探す」の意味。handはここでは「手渡す」の意味の動詞である。missは，目的語によって，「～を見落とす，～に乗り遅れる，～がいなくて寂しい」などの意味がある。本文の最後から2行目のYou've been most helpfulのmostはここではveryと同じ意味「とても，非常に」ととらえる。選択肢エのDon't mention it. はThank youに対する決まり文句の1つである。

〈全訳〉

スーザン：すみません。旅行案内所を探しているのですが。それがどこにあるか知っていますか？

タロウ：残念ですが，知りません。あなたの地図を見せて下さい。

スーザン：はい。（スーザンは地図を渡し，タロウはそれを調べる。）

タロウ：えーと…わかりました。あそこの信号を右へ曲がって下さい。40メートルくらいまっすぐ進んで下さい。右側に見つかるでしょう。見逃すことはありませんよ。

スーザン：どうもありがとう。とても助かりました。

タロウ：どういたしまして。

20

① カ　② キ　③ ケ　④ エ　⑤ ア

解説

①look after「世話をする」，②devote A to B「BにAを捧げる」，④bring up「育てる」などの熟語がヒントとなる。③空欄後のbetweenに着目。⑤はemployer（雇用者）とemployee（従業員）を間違えないように。

〈全訳〉

夫が1日のほとんどの時間を会社のために捧げる一方で，女性が自動的に家で子どもの世話をするという時代は過ぎ去った。

しかし，現在仕事と育児の両立をしたいと思う親が増えていても，仕事への献身と家庭への責任との間で適切にバランスを取ることは，容易ではない。先月，施行となった法律は，働く親が子どもを育てるのにより積極的な役割を果たすよう手助けすることをねらいとしているが，育児休暇となると，親たちと雇用者との見解は必ずしも一致しない。

21

①

解説

・watch + O + ～ing「Oが～しているのを見る」
・then and there「すぐその場で，ただちに」
・refuse to～　「～するのを断る」
・be engaged to～　「～と婚約している」
・argue + O + into～ing「Oを～するよう

説得する」
・have it in mind to～　「～するつもりだ」
ヤングベリーというプロ野球選手について書かれた伝記の一部である。
〈全訳〉
2年ほど前のある日，彼が故郷の町のチームのピッチャーをしているところをじっと見ていたパイレーツの1人のスカウトが，「この少年は目もくらむような速球と，急激に（鋭く）変化するカーブを流れるように投げる。」とメモカードに書いたのであった。
スカウトはその場で彼に契約を申し込んだが，ヤングベリーは農場主になるのが生涯の大望であったので，サインするのを断った。彼の婚約者も含めて皆が彼を説得してサインさせた。彼は口にこそ出さなかったが，300エーカーの農場を買うだけの金を稼いだら永久に野球をやめる決心をしていたのであった。時折，投球をしている時，太陽の光を浴びて金色に輝く小麦畑が目に浮かぶことがあった。彼は9月1日にパイレーツのAクラスのチーム（マイナー・チーム）から，ペナント争いの助っ人としてパイレーツ入りをしたのであった。
①　ヤングベリーには婚約している女性がいた。
②　ヤングベリーはずっと野球を続けたいと思っていた。
③　ヤングベリーは富を得たので，プロ野球を引退した。
④　ヤングベリーは，ほとんどの野球ファンに知られていた。
⑤　ヤングベリーはパイレーツに入る前，故郷のチームでキャッチャーをしていた。

22

③

解説
・be deprived of～　「～を奪われる」
・from one place to another「あちこちに」
・fail to～　「～しない，～しそびれる」
・on the way「途中で」
・a bird's-eye view「（鳥の視野→）大まかな全体像」
・happen to～「たまたま～する」
・get in one's way「じゃまをする」
・as for～　「～に関しては」
・sum up「要約する」
スピード万能の現代社会の弊害について述べた文章である。このような現代社会論や日本論・日本人論，また英米文化論の類は，英語に限らず，社会や現代文の問題としても比較的採用され易いテーマである。受験者は，日頃から社会や文化の問題について基礎的な知識を得るように心掛けてほしい。新聞のコラムくらいは欠かさずに読むべきであろう。
この問題の内容としては，eyes，see，view，appearsと，見ること・見えることに関連する単語が繰り返し登場する。また，on the way，Air travel，travel by car or train，sea travelなど，移動・旅行に関連する語句も多い。この文章が移動時の視覚体験を問題にしていることは一目瞭然である。やや難しい単語や熟語も用いられているが，選択肢を参照すれば文意をつかむのは困難ではない。この例題に限らず，選択肢は本文の部分訳をふまえて作られていると考えてよい。問題文と選択肢を交互に参照することで，問題文を読み解きながら正答を見つけることができる場合も多いのである。
〈全訳〉
未来の歴史書には，われわれが目を使う機会を奪われたと記録されることがあるかもしれない。急いであちこち動きまわるあまり，われわれは途中のものが何も見えなくなった。空の旅をしても，下界の大まかな全体像しか見えない――また，飛行機の翼がたまたま邪魔になると，なおさら見えにくくなる。自動車や電車で旅をする時には，ぼんやりとした田園風景が絶えず窓外に見えている。そして，海の旅はどうかというと，全く次のような古い歌の文句に要約されている通りである。「世界を見ようと海軍に入った。一体何が見えたって？見えたものは海ばかり。」

23

(1)　A．イ　　B．ウ　　C．オ
(2)　ア　　　　(3)　ウ

解説

(1)　A．depend on～　「～にかかっている，～を頼っている」
B．in a row　「連続して」
C．sort of～　「～の種類の」

(3)　ウ．連続優勝したのちの先生の言葉に着目しよう。「個々の演奏者の技術は低いままだが，～」とある。この点がヒントである。

〈全訳〉

バンドの演奏者の大半は初心者である。先生は彼らに技術を身につけさせようとしている。

「このようなバンドのメンバーが優勝を獲得し続けていることはほとんど奇跡だと思います。本当のことをいうと，賞がとれるかとれないかはこれ（ハートのこと）にかかっています。」と彼は胸をトントンとたたきながら言った。「それぞれの個人的な技術は低いですが，演奏者の情熱があるから強いのです。」と。

彼は，演奏者が自分たちの感情と重なり合う音をうまくうみ出したら，それをはじめて聴く人々の心に衝撃を与える音楽を，彼らが作り上げるのだと語った。

そのバンドは全日本吹奏楽コンクールで昨年10月に連続2度目の優勝を果たした。

「個々の演奏者の技術は低いままですが，私たちのバンドは自分たちの音楽に対する気持ちを聴衆に伝えることができます。」と彼は言った。そして，「重要なことは，聴衆が音から何を感じるか，演奏者がどれだけ一生懸命に楽器を演奏するか，彼らが楽器を奏でるときどのような気持ちで奏でているかということなのです。」と付け加えた。

4 音楽

1

① ウ，E　② オ，G　③ イ，F
④ ク，A　⑤ ケ，D

解説

すべて，小学校の音楽で習う記号である。

2

②→⑤→①→④→③

3

③，⑦，⑧

解説

③ レクイエムに関する記述である。オペラは，独唱，重唱，合唱と管弦楽を中心に，文学，美術，舞踊，演劇などを総合して構成される舞台芸術である。
⑦ オーボエは木管楽器である。
⑧ 弦楽四重奏は，第1ヴァイオリン，第2ヴァイオリン，ヴィオラ，チェロで演奏されるものが最も多い。

4

①，④

解説

① 阿波踊りは，徳島県の祭りの音楽である。
④ 谷茶前は，沖縄県の民謡である。

5

④

6

①

解説

ガムランは，打楽器中心の合奏音楽である。

7

ア．③　イ．⑦　ウ．①
エ．④　オ．②

解説

⑤ 『魔王』は，シューベルトが作曲した歌曲である。
⑥ 『ボレロ』は，ラヴェルが作曲したバレエ音楽である。

8

③，⑤，⑧

解説

③ ヴィヴァルディはバロックの作曲家である。
⑤ モーツァルトは古典派の作曲家である。
⑧ ストラヴィンスキーは近代の作曲家である。

9

⑤

解説

ロマン派の音楽の特徴は，主観性を重んじ，自由な思想と詩的感情を強調する点である。教会音楽が中心だった時代はバロックの時代である。

10

③

解説

『かくれんぼ』は下総皖一の作品，『カチューシャの唄』は中山晋平の作品である。

11

⑤

12

③

解説

平曲は，『平家物語』を琵琶の伴奏で語る音楽である。

5 保健体育

1

ア．×　イ．×
ウ．○　エ．×
オ．×　カ．×
キ．×　ク．×
ケ．○

解説

ア．遺伝しない。
イ．HIVに感染した人はHIV感染者（キャリア）とよばれ，このうち，免疫機能が低下し，日和見感染症などエイズが発病した人をエイズ患者とよぶ。
エ．蚊やハエなどを介しては感染しない。
オ．HIV感染者との性行為による感染が最も多い。
カ．発症していなくても感染源となる。
キ．感染直後は一般に症状はない。
ク．長い潜伏期間（数ヵ月～10年以上）の間に，徐々に免疫力が低下していく。

2

A．ニコチン　B．一酸化炭素
C．主流煙　D．副流煙

解説

ニコチン，一酸化炭素以外の有害物質としては，タールやシアン化物がある。タールには発がん作用，がん促進作用があり，シアン化物は組織呼吸を妨げたり，気道の線毛を破壊したりする作用がある。喫煙者のそばにいる非喫煙者がたばこの煙を吸うことを受動喫煙という。

3

(1)　薬物乱用
(2)　抑制作用（中枢神経を麻痺させ，働きを鈍くする作用）

解説

シンナーに対して，覚せい剤は中枢神経を興奮させる作用がある。

4

③

解説

ア．人工呼吸と胸骨圧迫の比は2：30である。
ウ．呼吸の確認により，普段どおりの呼吸が認められず，人工呼吸を行う場合は気道確保を行う。
オ．反応がある場合は腹部突き上げ法や背部叩打法により異物除去を試みるが，反応がなくなった場合にはすぐに心肺蘇生法を行う。

5

⑤

解説

①　水ぶくれはつぶしてはいけない。また，応急処置では薬品も用いない。
②　指を引っ張ってはいけない。
③　患部を直接火にあてたり，摩擦したりしてはいけない。
④　鼻血が出た場合，鼻血を飲み込まないように頭を前傾させ，口で息をさせる。上を向かせたり後頭部を刺激したりしない。

6

④

解説

④ アメリカンフットボールは11名である。

7

⑤

解説

① メドレーリレーの順である。個人メドレーはバタフライ，背泳ぎ，平泳ぎ，自由形の順で泳ぐ。

② ダブルドリブルである。ホールディングとは，相手を手や腕でつかんだり，押さえたりすることである。

③ 攻撃専門ではなく，守備専門のプレーヤーで，サービス，ブロック，スパイクを打つことはできない。

④ 故意でなければ，足で蹴って倒しても失格とはならない。

8

(1) アムステルダム(オランダ)

(2) ピエール・ド・クーベルタン男爵

解説

(1) 日本人初のオリンピック金メダリストは陸上競技三段跳びの織田幹雄である。

9

②

解説

② ユニバーシアードの参加対象は大学生。また，2年に1度開催される。

6 美術

1

(1) カ　(2) オ　(3) イ
(4) ウ　(5) エ

解説

アの浅井忠は，日本最初の洋画団体である明治美術会を創立した。

2

A．イ　B．エ
C．ア　D．オ

解説

A．「風神雷神図屏風」
B．「老猿」
C．「富嶽三十六景　凱風快晴」
D．「ポッピンを吹く女」

ウの荻原守衛は彫刻家で，代表的な作品には「女」がある。カの黒田清輝は洋画家で，代表的な作品には「湖畔」「読書」がある。

3

C→B→A→E→D

解説

様式の最も基本的なことであるのでその流れを理解しておくこと。また，各々の特徴も把握しておくようにしたい。

4

(1) モネ　(2) セザンヌ
(3) ゴッホ　(4) ミレー
(5) ロダン　(6) レオナルド=ダ=ヴィンチ

5

(1) キ　(2) イ　(3) オ
(4) ウ　(5) カ　(6) エ
(7) ア

解説

ロマン主義は変化を好み，動的で，劇的な表現。新印象派としてはスーラとシニャックが挙げられる。フォーヴィスムでは，マティスとルオーが挙げられ，荒々しいタッチが特徴である。キュビスムは，ものを解体して画面で再構成して表現するもので，ピカソやブラックがいる。エコール・ド・パリはパリに集まった画家の総称であり，モディリアーニやユトリロ，藤田嗣治など多くの画家がいる。シュールレアリスムには，ダリやキリコが入り，印象派では，マネやルノワールが有名である。

6

(1) 三角刀　(2) 平刀
(3) 丸刀

解説

(1) 三角刀は，鋭く細い線が彫れ，細かな部分や輪郭線などを彫るときに用いる。
(2) 平刀は，浅く平らに彫れ，不要な部分を彫ったり，ぼかしたりするときに用いる。
(3) 丸刀は，半円形の溝状に彫れ，太い線や柔らかい線，広い部分を彫るのに適している。

この他に，切り出し刀がある。これは板に切り込みを入れ，細かい溝や輪郭，文字などを彫るときに用いる。

7

A．無彩色　B．彩度
C．補色　D．青（緑みの青）
E．加算

8

②

解説

①のローマン体と④の明朝体は，縦線が太く横線が細い書体。

9

③

解説

①の備前焼は岡山県，②の信楽焼は滋賀県，④の久谷焼は石川県，⑤の伊万里焼は佐賀県。

教員採用試験対策　オープンセサミシリーズ
参考書　一般教養Ⅰ［人文科学］

発　行　2023年10月20日　第1版第1刷

編　著　東京アカデミー
発行人　佐川泰宏
発行所　株式会社ティーエーネットワーク
〒450-6306 名古屋市中村区名駅1-1-1
ＪＰタワー名古屋６Ｆ
電話：052-586-7805㈹
FAX：052-563-2109
発売元　東京アカデミー七賢出版株式会社
〒171-0021 東京都豊島区西池袋1-11-1
メトロポリタンプラザビル13F
電話：03-6852-0803
FAX：03-6852-0180

ISBN978-4-86455-611-8　C7337